XINSHIDAI
MEIDE JIANKANG
SHENGHUO FANGSHI

新时代
美德健康生活方式

《新时代美德健康生活方式》编写组

山东人民出版社·济南
国家一级出版社 全国百佳图书出版单位

图书在版编目（CIP）数据

新时代美德健康生活方式／《新时代美德健康生活方式》编写组编写．--济南：山东人民出版社，2023.8
ISBN 978-7-209-14068-3

Ⅰ．①新… Ⅱ．①新… Ⅲ．①品德教育－中国－通俗读物②健康教育－中国－普及读物 Ⅳ．①D648-49 ②R193-49

中国版本图书馆CIP数据核字(2022)第213821号

新时代美德健康生活方式
《新时代美德健康生活方式》编写组 编写

主管单位 山东出版传媒股份有限公司
出版发行 山东人民出版社
出 版 人 胡长青
社　　址 济南市市中区舜耕路517号
邮　　编 250003
电　　话 总编室（0531）82098914
　　　　 市场部（0531）82098027
网　　址 http://www.sd-book.com.cn
印　　装 青岛国彩印刷股份有限公司
经　　销 新华书店

规　　格 16开(169mm×239mm)
印　　张 15.5
字　　数 150千字
版　　次 2023年8月第1版
印　　次 2023年8月第1次
ISBN 978-7-209-14068-3
定　　价 42.00元

前言

FOREWORD

习近平总书记多次强调：核心价值观是一个民族赖以维系的精神纽带，是一个国家共同的思想道德基础。在新的时代条件下，如何构建具有强大感召力的核心价值观，关系社会和谐稳定，关系国家长治久安。

“道不可坐论，德不能空谈。”习近平总书记明确指出，“一种价值观要真正发挥作用，必须融入社会生活，让人们在实践中感知它、领悟它”，让它变成“百姓日用而不觉”的行为准则。故从生活方式入手，在全社会倡树美德健康生活方式，其意义是多重而深远的：是贯彻落实总书记关于精神文明建设重要论述和中央精神的重要举措，是培育和践行社会主义核心价值观的现实需要，是推动中华优秀传统文化“两创”的具体实践，是新时代共同创造美好生活的根本要求，符合中央精神，符合时代要求，符合群众期盼，是关系赓续文化血脉、弘扬时代新风的重要工作。

为推动社会主义核心价值观落实落细，更好倡树新时代美德健康生活方式，推动形成适应新时代要求的思想观念、精神面貌、文明风尚、行为规范，我们组织编写了《新时代美德健康生活方式》简明读本，聚焦“自律助人”“孝老爱亲”“诚信利他”“节俭绿色”“共建共享”，从“为什么”“是什么”“怎么做”三个方面，对新时代美德健康生活方式的必要性、时代内涵与实践路径作了简要论述与说明，旨在为践行社会主义核心价值观、推动美德山东建设提供助力与支持。

《新时代美德健康生活方式》编写组

目录

CONTENTS

第一编　为什么倡树新时代美德健康生活方式

第二编　新时代美德健康生活方式是什么

第三编　如何践行新时代美德健康生活方式

第一编 为什么倡树新时代美德健康生活方式

为深入学习贯彻习近平总书记关于社会主义精神文明建设的重要论述和党的二十大精神，贯彻落实中央颁布的《新时代公民道德建设实施纲要》《新时代爱国主义教育实施纲要》，建设新时代美德山东，我们大力倡树新时代美德健康生活方式。这是深入推动中华优秀传统文化创造性转化、创新性发展的具体实践，是培育和践行社会主义核心价值观的现实需要，是弘扬时代新风、创造美好生活的客观需要。

一、推动中华优秀传统文化“两创”的具体实践

党的十八大以来，以习近平同志为核心的党中央高度重视精神文明建设。习近平总书记发表一系列重要论述，作出一系列重要部署，深刻指出，中国特色社会主义是物质文明和精神文明全面发展的社会主义，中国式现代化是物质文明和精神文明相协调的现代化，要促进满足人民文化需求和增强人民精神力量相统一，推动形成适应新时代要求的思想观念、精神面貌、文明风尚、行为规范。在精神

文明建设中，中华优秀传统文化的作用不容忽视。习近平总书记特别强调，要坚持守正创新，推动中华优秀传统文化同社会主义社会相适应，展示中华民族的独特精神标识，更好构筑中国精神、中国价值、中国力量；要深入挖掘和阐发中华优秀传统文化讲仁爱、重民本、守诚信、崇正义、尚和合、求大同的时代价值，使中华优秀传统文化成为涵养社会主义核心价值观的重要源泉。

关于中华优秀传统文化的继承弘扬方式，习近平总书记2013年11月视察山东期间，鲜明提出推动中华优秀传统文化创造性转化、创新性发展的重大时代命题，强调“对传统文化中适合于调理社会关系和鼓励人们向上向善的内容，我们要结合时代条件加以继承和发扬，赋予其新的涵义”；同年在中共中央政治局第十二次集体学习时，他又提出要“在去粗取精、去伪存真的基础上，坚持古为今用、推陈出新，努力实现中华传统美德的创造性转化、创新性发展”。习近平总书记的“两创”论述运用马克思主义的立场、观点和方法，科学回答了新时代条件下如何继承、弘扬中华优秀传统文化的重大课题，是我们正确对待中华优秀传统文化的科学指南，是指导传承发展中华优秀传统文化的重要方针，充分反映出高度的文化自觉、文化自信和文化担当。2021年5月，总书记在给《文史哲》编辑部全体编辑人员回信中，进一步强调“增强做中国人的骨气和底气，让世界更好认识中国、了解中国，需要深入理解中华文明，从历史和现实、理论和实践相结合的角度深入阐释如何更好坚持中国道路、弘扬中国精神、凝聚中国力量”，这赋予了山东在推动“两创”上先行先试的重大责任。

山东省第十二次党代会着眼“走在前、开新局”，从构筑道德文明新高地、打造文化“两创”新标杆、建强文化文艺新鲁军、塑造文旅产业新优势四个方面，部署了全面促进文化繁荣兴盛的目标任务，强调要推动社会主义核心价值观融入日常生活，倡树新时代美德健康生活方式，建设新时代美德山东。这是贯彻落实习近平总书记关于精神文明建设重要论述和中央精神的重要举措，是推动“两创”落实落地的具体展现。倡树新时代美德健康生活方式，必须汲取中华优秀传统文化思想精华和道德精髓，让中华优秀传统文化更好地与现代社会、现实生活相融合，将优秀传统文化基因根植于人们的思想意识中，以此更好地服务于社会的全面进步、人的全面发展，实现人民对美好生活的向往。

（一）在融入生活中传承文脉

中华民族有着深厚的文化积淀，形成了富有特色的思想体系，体现了中国人几千年来积累的知识智慧和理性思辨。习近平总书记指出：“中华文明延续着我们国家和民族的精神血脉，既需要薪火相传、代代守护，也需要与时俱进、推陈出新。”中华文明上下5000多年，饱经历史沧桑，延绵不绝，这条生生不息的根脉需要我们去保护、传承、发扬。悠久的历史文明赋予我们坚定的历史自信和文化自信。现有考古发现与研究表明，距今5800年前后，黄河、长江中下游以及西辽河等区域出现了文明起源迹象。距今5300年前后，中华大地陆续进入了文明阶段，良渚文化即是这方面的实证。距今3800年前后，与夏王朝对应的二里头文化出现，中原地区形

孔子像

成了更为成熟的文明形态。其后中国进入商周时期，最终形成高度发达的礼乐文明。春秋时期，齐鲁地区诞生了伟大的思想家孔子，孔子继承周文化，整理六经，提出了以“仁”“礼”为核心的儒家学说，对中华文明产生了深远而重大的影响。孔子之后，诸子勃兴，中国学术文化进入了一个繁荣时代。汉继秦重新统一中国后，经历几十年的无为而治，在汉武帝时期“罢黜百家、表彰六经”，经学开始兴盛起来，儒家思想逐渐成为整个中华民族的主流思想。魏晋南北朝时期，在玄学流行的同时，儒家经学继续发展，并形成义疏学的新注经方式。隋唐时期，儒、释、道并立。宋明时期，儒学的新形态理学发展迅速，成为儒学主流。清代，儒学则主要呈现为考据学的形式。自西汉以来，儒家思想长期居于主导地位，与佛、道等学说共同构成了中国传统文化的多彩图景。

近代以来，中华民族遭受了外族入侵，内部动荡不已，中国人民遭受了前所未有的苦难。中国共产党带领中国人民进行了革命、建设、改革的长期社会实践，致力于为人民谋幸福、为民族谋复兴，并在这些伟大斗争中形成了革命文化和社会主义先进文化。这两种文化与传承几千年的中华优秀传统文化共同构成中国特色社会主义文化的整体。

中国文化博大精深，内容包罗万象。从思想角度看，有关于道法自然、天人合一的思想，关于天下为公、大同世界的思想，关于自强不息、厚德载物的思想，关于以民为本、安民富民乐民的思想，关于为政以德、政者正也的思想，关于苟日新日日新又日新、革故鼎新、与时俱进的思想，关于脚踏实地、实事求是的思想，关于经世致用、知行合一、躬行实践的思想，关于集思广益、博施众利、群策群力的思想，关于仁者爱人、以德立人的思想，关于以诚待人、讲信修睦的思想，关于清廉从政、勤勉奉公的思想，关于俭约自守、力戒奢华的思想，关于中和、泰和、求同存异、和而不同、和谐相处的思想，关于安不忘危、存不忘亡、治不忘乱、居安思危的思想，等等。这均是中国人民在长期生产生活中积累形成的宇宙观、天下观、社会观、道德观的重要体现。这些思想可以为人们认识和改造世界提供有益启示，可以为治国理政提供有益经验，也可以为倡树新时代美德健康生活方式提供有力支撑。

倡树新时代美德健康生活方式，反映我们对于美好生活的向往，也是对中华优秀传统文化的弘扬。中华优秀传统文化本就有“极高明而道中庸”的品格追求，认为在日用常行中体现道德价值，而不是在玄思空想中追求永恒生活；认为要知行合一，在生活实践中践行道德追求，而不是停留在口号宣传上。倡树新时代美德健康生活方式，就是提倡在日常生活中体会人生美好，凸显人生追求，彰显人生价值，其关键在于起而行之，在个人生活、家庭生活、社交生活、工作生活、消费生活等各种生活样态中一以贯之，坚持美德健康标准。实际上，中国文化中讲的“德”本身就是一种行，“德行”就是一个词，两者并不可分，“在心为德，施之为行”。比如“孝”，在《周礼》中被列为“六行”之一，《尔雅》说“事父母为孝”，突出“孝”作为行为的特点。又如中国文化讲求修身，“一是皆以修身为本”，修身是齐家、治国、平天下的前提，而“修”又意味着实现的方法和途径是力行之。中华优秀传统文化的这种实干力行的价值取向正是我们倡树新时代美德健康生活方式的深层精神支撑，反映出倡树新时代美德健康生活方式有着深厚的历史底蕴和文化积淀。

中国文化对于美好生活的认识既是理想的，也是现实的，不否定人们世俗生活中的各种追求，不提倡禁欲主义，也不提倡纵欲主义，而主张一种自然健康、和谐中道的生活方式。中国人常说“五福临门”，反映了中国人对于美好生活的理解，这“五福”分别是长寿、富贵、健康安宁、有美德、善终，源出于《尚书·洪范》。这种认识没有丝毫的道德说教意味和玄思弃世取向，典型体现了中国文化和中华民族以人为本、以现世为本、以生活为本的文化趣味。习近平总书记说：“我们的人民热爱生活，期盼有更好的教育、更稳定的工作、更满意的收入、更可靠的社会保障、更高水平的医疗卫生服务、更舒适的居住条件、更优美的环境，期盼着孩子们能成长得更好、工作得更好、生活得更好。人民对美好生活的向往，就是我们的奋斗目标。”习近平总书记用朴实简明的语言勾勒出中国人民对于美好生活的认识。这种认识符合中华文化，也是中国普通百姓所要追求的。在这一意义上，倡树新时代美德健康生活方式，是对中华优秀传统文化的继承和弘扬。

山东省枣庄市山亭区冯卯镇李庄村实施“闲置小院复活工程”，通过收购、租赁、股份、置换四种方式将农民闲置的小院整合到合作社，建设了丰富多样的文明实践阵地，打造一院一型的新时代文明实践小院　　图片来源：枣庄市委宣传部提供

在倡树新时代美德健康生活方式中融入和传承中华优秀传统文化，就要努力把优秀传统文化贯穿国民教育的始终，将其广泛融入人民的日常生产生活之中，在乡村、城乡社区、学校、机关事业单位、各类企业推进传统文化的传播和践行工作，把美德健康生活方式融入生产生活方方面面。通过这些有力措施，要让中华优秀传统文化转化为人们日常生活不可或缺的组成部分，在全社会形成人人传承发展中华优秀传统文化的生动局面，形成人人参与守护、传播和弘扬优秀传统文化的良好环境。

（二）在古今观照中转化创新

中华优秀传统文化构成了我们中华民族的独特精神标识，成为我们中华儿女共有的文化基因，因此中华优秀传统文化不仅仅是古代先民的创造，也无时无刻不在影响我们当下的社会生活。不过，因为时代巨变，我国经济社会深刻变革、对外开放日益扩大、互联网技术和新媒体快速发展，各种思想文化交流、交融、交锋更加频繁，人们的生产生活方式与之前以农村小农经济、宗族亲缘社会为主的情况有很大不同，中华文化的传承弘扬也面临着诸多问题。因此，在继承弘扬中华优秀传统文化、倡树新时代美德健康生活方式的方法和路径上，要有古今通贯的眼光，在古今观照中实现传统文化的转化创新。习近平总书记说：“如果没有中华五千年文明，哪里有什么中国特色？如果不是中国特色，哪有我们今天这么成功的中国特色社会主义道路？”这彰显了中华优秀传统文化具有跨越古今的普遍性价值，这种普遍性价值赋予了我们对中华优秀传统文化进行转化创新的可能性。

第一，中华文化是注重自律助人、讲求立身之道的德性文化。以儒家文化为例，儒家学说的思想主旨之一就是如何“做人”。儒家有很多描述人的德性的词汇，如仁爱、道义、诚实、守信、孝顺、自强、坚毅、勇敢、正直、敦厚等，孔子、孟子、荀子都肯定人的德性，重视人的尊严和价值，深信要修身遵礼，慎独慎微。中国人一直有做君子、要成圣成贤的人格理想，这是一种真正的以人为本的人生理想，而君子、圣贤的人格核心就是美德。不仅仅如此，中华文化中还有一整套齐全的修身方法。这一方法贯穿着人的一生，在女子怀孕之时，有胎教之法；在孩子幼时，有小学之方，教以“洒扫应对进退之节，爱亲敬长隆师亲友之道”；成年以后，又有诚意、正心、穷理、格物的功夫，还有立志、存养、克治、辨义利、致良知等等，都是中华文化的修身之道。在提倡立德树人的今天，倡树美德健康生活方式，就是结合时代特点，汲取中华民族传统美德的滋养，树立社会主义核心价值观，培养能够担当民族复兴大任、各方面全

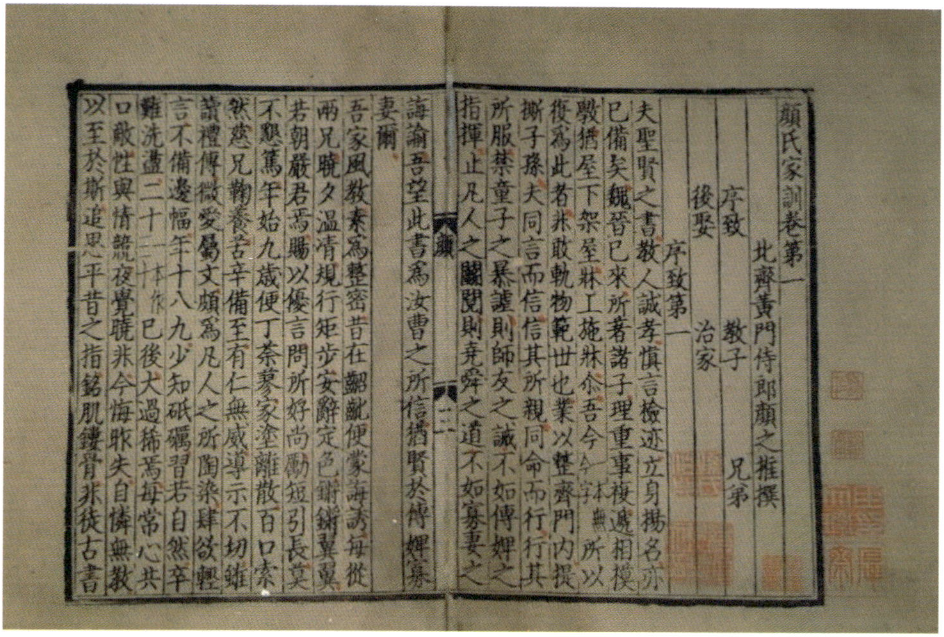
顏氏家訓卷第一　北齊黄門侍郎顏之推撰
序致　教子　兄弟
後娶　治家
序致第一
夫聖賢之書教人誠孝慎言檢迹立身揚名亦已備矣魏晉已來所著諸子理重事複遞相模斆猶屋下架屋牀上施牀耳吾今所以復爲此者非敢軌物範世也業以整齊門内提撕子孫夫同言而信信其所親同命而行行其所服禁童子之暴謔則師友之誡不如傅婢之指揮止凡人之鬬鬩則堯舜之道不如寡妻之誨諭吾望此書爲汝曹之所信猶賢於傅婢寡妻爾
吾家風教素爲整密昔在齠齔便蒙誘誨每從兩兄曉夕溫凊規行矩步安辭定色鏘鏘翼翼若朝嚴君焉賜以優言問所好尚勵短引長莫不懇篤年始九歲便丁荼蓼家塗離散百口索然慈兄鞠養苦辛備至有仁無威導示不切雖讀禮傳微愛屬文頗爲凡人之所陶染肆欲輕言不備邊幅年十八九少知砥礪習若自然卒難洗盪二十已後大過稀焉每常心共口敵性與情競夜覺曉非今悔昨失自憐無教以至於斯追思平昔之指銘肌鏤骨非徒古書

中国最知名的家训著作之一《颜氏家训》书影

面发展的时代新人，这就是新时代对中华传统文化的转化创新。

第二，中华文化是重视家庭的文化。中华民族历来重视家庭，无论时代如何变化，经济社会如何发展，对一个社会来说，家庭的生活依托都不可替代，家庭的社会功能都不可替代，家庭的文明作用都不可替代，家庭秩序永远是政治秩序和社会秩序的基石。中国人又特别重视家教，并因此有孟母三迁、岳母刺字、欧阳修母亲画荻教子等脍炙人口的故事流传，有郑玄诫子书、诸葛亮诫子格言、颜氏家训、朱子家训传世，有“烽火连三月，家书抵万金”“寒衣针线密，家信墨痕新”等等的感人诗句。在家风家训中始终传递尊老爱幼、夫妻和睦、勤俭持家、邻里团结的观念，倡导忠诚、责任、亲情、劝学的理念，以鼓励家人在为家庭谋幸福、为他人送温暖、为社会作贡献的过程中提高精神境界。中国文化中的家庭文化所蕴含、所传递的这种人文精神具有恒久价值。我们践行美德健康生活方式，家庭生活是其中的重要组成部分，发掘传统文化中的齐家之道，建设美德健康好家庭，正是新时代转化创新优秀传统文化的具体路径。

第三，中国文化是提倡诚实守信、仁者爱人的利他文化。在中国文化中，个人不是原子，而是社会关系连续体中的关联性存在一方。在个人与他方构成关系时，不是以自我为中心，而是以自我为出发点，以对方为重。过分突出个人的利益而忽视群体的整体安宁、和谐与繁荣会被视为“私”。中国文化倡导大公无私，提倡“己所不欲，勿施于人”，有着深厚的人道关怀和仁爱精神。在与他人的相处中，主张诚信、友善、宽厚的恕道，而不以自我为中心，这与纯以个人利益为出发点的个人主义、自由主义有着明显不同。我们倡树的美德健康生活方式，自然也是在与众人相处、协作的社会中去创建，而不是在一个个体单调的世界中去创建。美德健康生活方式，一定是与他人相互理解、相互友爱、相互促进的，而不是相互猜疑、相互争斗、相互嫉恨的。中国文化所提倡的恕道，以整体关联的眼光看待人类生活，正是我们倡树美德健康生活方式的思想基础。中国文化这种跨越时空的恒久价值，正是我们倡树美德健康生活方式、创新优秀传统文化形式的可能性所在。

第四，中国文化是可持续的生生文化。中国文化崇尚生生，“生生不绝之谓道”“天地之大德曰生”，生生意味着生命力的延续不绝，意味着共生共存，意味着普遍繁荣。这种思想意识反映在各个方面。比如在天人关系上，中国文化主张天人合一，认为“人与天调则天地之美生”，主张人道天道相统一、相协调，在不违背自然，尊重自然规律的前提下，发挥人的功能，并促进宇宙整体的和谐与发展。在这种思想意识下，我们主张在对自然资源的利用上，应取之有度，注意可持续性。《孟子·梁惠王上》曰：“数罟不入洿池，鱼鳖不可胜食也；斧斤以时入山林，材木不可胜用也。”就是说不拿密网到大池去捕鱼，鱼鳖也就吃不完了；砍伐树木有一定的时间，木材也就用不尽了。这就是一种可持续的共生观念，体现了“万物并育而不相害，道并行而不相悖”的思想。这种观念也反映在人与物的关系、人与人的关系、国与国的关系上，在处理这些关系时，我们不主张采取相互掠夺、相互侵害的方式，而是探索共生的、适度的、可持续的道路。这种理念无疑也具有普遍性，提醒我们美德

黄河三角洲生态美景　　图片来源：东营市委宣传部提供

健康生活方式应该是可持续的，可以生生不息、永续发展的。

第五，中华文化是临事而敬、勇于变革的文化。中华文明的发生、发展历经磨难，从尧舜时期的洪水肆虐，到夏桀商纣时的暴虐统治，中华文明初创时期就饱经大自然的挑战和人祸的摧残，这让中华文明从很早就具有理性、坚韧、善于应变的特征。中华文化认为要成就大业，一要有谦逊有礼、临事而敬的态度，一要有日新又日新、勇于开拓的变革态度。周武王统一天下后，姜太公就给周武王谏言说：庄敬之心如果胜于怠惰之心，那对待凡事就会心怀敬畏之心，认真去做，最后没有不吉利的；反之，就会松懈怠慢，百事皆废，最后没有不灭亡的。姜太公让武王不要放纵自己，不要懈怠自己，不要有歇一歇、停一停的想法，而是要始终保持戒慎恐惧的态度。因此，周武王接受姜太公的意见，在自己的居所各处都写上名言警句，提醒自己不能溺于安乐、不思进取，这为周朝的发展奠定了良好的思想基础。唐代名臣魏征也曾给唐太宗上书，提醒太宗“忧懈怠，则思慎始而敬终”。可见古人一直认为不论在事业的创建还是成功后的保持方面，一定要慎始慎终，保持庄敬，不能有懈怠的思想。事物是发展的，变化是永恒的，《易经》的“易”就有变化的意思，这表示中国文化早就认识到世界上唯一不变的事情即是变化。“穷则变，变则通，通则久”，中华文明、中华民族之所以能够战胜各种困难，延续至今，就是中华文明总是能够审时度势，因于时代的变化，不断在保持自己本根的前提下自强不息、革故鼎新、勇于开拓、善于应变。倡树美德健康生活方式，离不开对生活方式的变革和对新生活方式的创建。中国文化临事而敬、自强不息的特点无疑对我们倡树美德健康生活方式有着深刻启发。

总之，在倡树美德健康生活方式的过程中，实现中华优秀传统文化的转化创新，既是必要的，也是可能的。我们要在广泛的区域范围内，通过各种形式，在美德健康生活方式中，实现优秀传统文化的传承发展。比如要深入挖掘城市历史文化价值，提炼精选出能够凸显城市文化特色的经典性元素和标志性符号，纳入城镇化建设、城市规划设计，合理应用于城市雕塑、广场园林等公共空间，让市民耳濡目染中华文化的元素，让市民润物细无声地接受中华文化的浸润。这些举措还应在乡村、社区、学校、政府、企业等各种单位中进行多样的探索落实，充分调动起全社会的热情，发挥他们的积极性、创造性，形成人人传承发展弘扬中华优秀传统文化的社会氛围。

（三）在结合时代中与时俱进

倡树美德健康生活方式，传承中华优秀传统文化，要结合时代条件对传统文化加以继承和发扬，让中华民族最基本的文化基因与当代文化相适应、与现代社会相协调。现在，中国特色社会主义进入了新时代，我们已经实现了第一个百年奋斗目标，建成了全面小康社会，踏上了实现第二个百年奋斗目标的新征程。新的时代面临新的挑战，习近平总书记在党的十九大报告中指出："中国特色社会主义进入新时代，我国社会主要矛盾已经转化为人民日益增长的美好生活需要和不平衡不充分的发展之间的矛盾。"中国的经济进入了高质量发展阶段，努力提升经济的发展质量和效益，贯彻创新、协调、绿色、开放、共享的发展理念。在公共秩序上，人人尽责、人人享有，不断促进社会的公平正义。在生态文明上，我们坚持人与自然和谐共生的现代化，既要创造更多物质财富和精神财富以满足人民日益增长的美好生活需要，也要提供更多优质生态产品以满足人民日益增长的优美生态环境需要。倡树新时代美德健康生活方式，正是看到了社会主要矛盾的变化，看到了广大人民群众的诉求。广大人民群众希望在解决温饱的基本生活需求后，拥有更高质量的社会生活、精神生活，提升自身的生活境界。这是时代发展呈现的新特点，时代发展提出的新任务，正是由于有这种特点和任务，新时代美德健康生活方式的提出正当其时。

中国的政治文化一向主张以民为本、注重民生。孔子的弟子冉有问孔子：“既庶矣。又何加焉？”孔子曰：“富之。”冉有又问：“既富矣，又何加焉？”孔子曰：“教之。”庶之、富之、教之，意思是先要让人口多起来，然后让人民富起来，最后进行教化。《大学》说：“民之所好好之，民之所恶恶之，此之谓民之父母。”荀子提到理想的政治应该包括两方面，一个是富民，一个是教民。在中国政治文化的理解中，人民的基本生活是一切行政的基础，但治国理政者也从不仅仅把能够解决人民的温饱问题作为最高追求，在其上更

兰陵县神山镇新时代文明实践所

图片来源：临沂市委宣传部提供

有道德教化的问题。比如，山东省兰陵县广泛开展农村“孝善红黄榜”评选活动，同时具备“老有所居、老有所养、和颜悦色、经常问候、久病尽孝、尊重老人、孝行感人、遵纪守法”等8种行为的可上红榜，有“不管父母、久病失孝、虐待父母、薄养厚葬”等4种行为之一的则上黄榜。这也是中国政治文化中劝德兴善传统的延续与发展。

在当代社会中，民不再是被动的治理对象，而成为国家的主人，这无疑是一种进步。同时我们也要汲取古代因顺民情的思想，真正能以人民群众的好恶为需要，急民所急，想民所想。人民有饭吃，有衣穿，有房住，有事做，安居乐业，这就是富民；到学校学习知识、砥砺德行，让人民在礼与教中规范行为，这就是教民。人民在生活温饱富足的同时，能够享有和谐的家庭关系、邻里关系、工作关系，在日用常行中享受美好生活、追求幸福人生，这就是我们倡树的美德健康生活方式。现在相比于古代，时空发生了变化，人们对于美好生活的理解也发生了改变，现在我们全面建成了小康社会，解决了十几亿人民的温饱问题，这是国人的伟大成就。在这个伟大成就基础上，我们不能有歇一歇的自满情绪，而应更上一层楼，努力提升人民的生活品质，满足人民对于美好健康生活的追求。在这方面，中国优秀传统文化的资源极为丰富，我们完全可以结合时代的发展变化，通过倡树美德健康生活方式，实现其创造性转化和创新性发展，使之在新的时代背景下焕发出新的生机。

另外，倡树美德健康生活方式，实现中华优秀传统文化的创造性转化和创新性发展，并不仅仅具有国家意义、民族意义，作为成熟开放的思想体系，中华优秀传统文化关注人类发展与天下秩序，表现出超越民族性与地域性的思想特点。习近平总书记曾指出："当代人类也面临着许多突出的难题。要解决这些难题，不仅需要运用人类今天发现和发展的智慧和力量，而且需要运用人类历史上积累和储存的智慧和力量。世界上一些有识之士认为，包括儒家思想在内的中华优秀传统文化中蕴藏着解决当代人类面临的难题的重要启示。"《中共中央关于党的百年奋斗重大成就和历史经验的决议》指出："党领导人民成功走出中国式现代化道路，创造了人类文明新形态。"在党的二十大报告中，习近平总书记又系统总结了中国式现代化的主要特征和本质要求，指出，中国式现代化既有各国现代化的共同特征，更有基于自己国情的中国特色。中国式现代化坚持中国共产党领导，坚持中国特色社会主义，实现高质量发展，发展全过程人民民主，丰富人民精神世界，实现全体人民共同富裕，促进人与自然和谐共生，推动构建人类命运共同体，创造人类文明新形态。我们的这种文明新形态在西方的资本主义文明之外，走出了一条成功地实现人民美好生活愿望的中国道路，这条中国道路承继几千年中华优秀传统文化的精神内核，极具中国文明的独有特质。美德健康生活方式的倡树，更进一步丰富了我们开创的人类文明新形态的内涵，向世界展示了一条探索满足人民美好生活需要，建构可持续的、共生的、和谐的生活方式的道路。这种生活方式的背后，其思想内核是中华优秀传统文化的传承。文明之所以是文明，其硬实力是经济的繁荣、技术的发达、秩序的稳定、军事能力的强大，其软实力是国民道德的提升、精神力量的强大、社会意志的凝聚。新时代美德健康生活方式的倡树，就是文明新形态生活的集中体现，反映出中华优秀传统文化的精神追求和价值理念，是我国文化软实力的展示，代表了我们探索人类可持续发展新道路，探索顺遂民情的、具有可示范意义的文明新形态的努力。

二、培育和践行社会主义核心价值观的现实需要

党的十八大正式提出的社会主义核心价值观，是社会主义先进文化的精髓，是当代中国精神的集中体现，凝结着全国人民共同的价值追求。24 个字的社会主义核心价值观包含三个层面的内容。其中，富强、民主、文明、和谐是国家层面的价值目标，自由、平等、公正、法治是社会层面的价值取向，爱国、敬业、诚信、友善是公民层面的价值准则。这三个层面相互融合，不可分割，统一于中国特色社会主义建设的伟大实践中。

2022 年 10 月 16 日，习近平总书记在党的二十大报告中指出，推进文化自信自强，铸就社会主义文化新辉煌，要广泛践行社会主义核心价值观，“弘扬以伟大建党精神为源头的中国共产党人精神

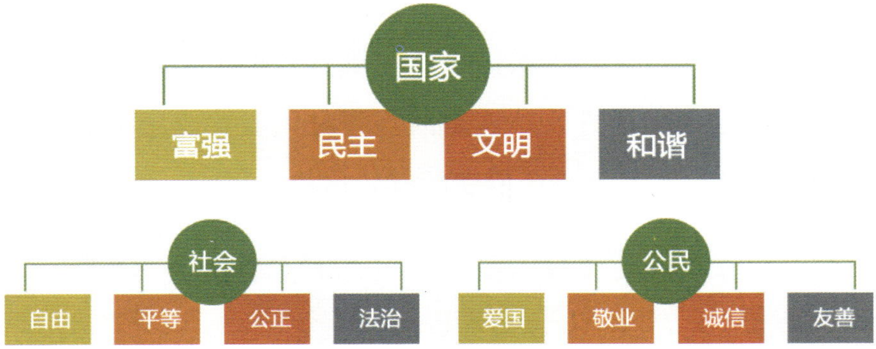

社会主义核心价值观的三个层面

谱系，用好红色资源，深入开展社会主义核心价值观宣传教育，深化爱国主义、集体主义、社会主义教育，着力培养担当民族复兴大任的时代新人”。在新时代，社会主义核心价值观是实现中华民族伟大复兴中国梦的力量源泉，对国家强盛、社会发展、个人进步都有推动和引导作用。同时，培育和践行社会主义核心价值观能够抵挡西方极端个人主义价值观对我国社会的冲击，保障社会主流思想的向上向好。

在社会中培育和践行社会主义核心价值观的基础性工作，应该是着眼于个人层面、家庭层面、社会层面，通过生活方式、交流交往等习惯养成，使公民潜移默化地将核心价值观内化为精神追求，外化为自觉行动。党的十八大以来，通过各级各部门的共同努力，核心价值观的感召力、凝聚力不断增强。如山东印发的《关于在乡村倡导开展“反对浪费、文明办事”移风易俗行动的实施方案》《关于深化乡村文明行动的工作方案》《关于深化“五为”文明实践志愿服务的实施方案》《关于深化拓展新时代文明实践中心建设的实施方案》等文件，已起到积极的推动作用，但在融入生活方面还有拓展、深入的空间。为了进一步满足培育、践行社会主义核心价值观的现实需要，山东省委提出，在全社会倡树新时代美德健康生活方式。这是因为新时代美德健康生活方式是培育和践行社会主义核心价值观的有效途径。

（一）与社会主义核心价值观的精神内涵相契合

一方面，新时代美德健康生活方式面向广大公民的日常生活，与社会主义核心价值观中的公民层面价值准则直接对应；另一方面，新时代美德健康生活方式蕴含着与国家层面价值目标、社会层面价值取向相对应的精神内核，有助于公民观念和行为的塑造提升，能够满足国家层面价值目标、社会层面价值取向的潜在要求。

1. 新时代美德健康生活方式与社会主义核心价值观的公民层面价值准则相契合

新时代美德健康生活方式的目标，是着眼于个人、家庭、社群等基本社会单元，成风化俗、以文化人，在社会生活的各个方面形成积极进取、崇德向善的良好社会风尚。爱国、敬业、诚信、友善，反映了社会主义核心价值观在公民道德准则上的基本导向。新时代美德健康生活方式与公民层面价值准则的契合，体现在如下四个方面：

第一，新时代美德健康生活方式与“爱国”的准则相一致。爱国，体现了公民对于伟大祖国的深厚感情，反映了公民对于祖国的心理归属与历史文化认同。爱国主义是中华民族精神的核心，强调个人与祖国之间的相互支撑关系。公民对祖国历史文化与当前发展的高度认同，能够为公民实现人生价值提供不竭动力。同时，爱国主义是公民在国际交往中树立自信、坚强不屈的力量源泉。倡树新时代美德健康生活方式以中华优秀传统文化、革命文化、社会主义先进文化为深厚土壤，亦将爱国主义作为最基本的精神支撑。

第二，新时代美德健康生活方式呼应了社会主义核心价值观对敬业的要求。敬业，是公民在工作中严格遵循职业道德、职业规范，积极负责、乐于奉献的工作态度和行为操守。敬业的前提是热爱自己的岗位，热爱自己所投身的事业。在实际行动中，敬业会转化为

烈士纪念日少先队员向人民英雄敬献花篮

对工作与事业的扎实态度和勤勉付出。新时代美德健康生活方式将工作作为公民生活的重要层面，要求公民在工作中树立“敬事之道”，与“敬业”的准则相契合。

第三，新时代美德健康生活方式与“诚信”的准则相契合。诚信，是“诚实”与“信用”的合称。“诚实”意味着真实、诚恳，不有意歪曲客观事实，也不故意隐藏主观看法。“信用”意味着坚守承诺，说话算数，言必信、行必果。诚信是公民个人道德的基石，是社会正常运行、社会主义市场经济健康发展的重要条件。新时代美德健康生活方式要求公民在社交中诚信做人、利他助人，就是倡导公民将诚信作为基本的行为修养。

第四，新时代美德健康生活方式与“友善”的准则相契合。友善，指人与人之间的关系如朋友一样和善友好。形成友善的人际关系需要公民将自己与他人摆在平等的位置上，己所不欲，勿施于人；心平气和地对待交往中的细小冲突，包容不同个体之间的差异；在交往中相互帮助，相互扶持。新时代美德健康生活方式提倡公民在家庭中敬老爱幼、敦亲睦邻，在社交中友善待人、宽厚处事，在工作中团结协作、共同发展。社会主义核心价值观和新时代美德健康生活方式，二者都主张公民在家庭、社交、工作中应该秉持友善态度，维系和谐的人际关系，在友善的氛围中推动工作与社会的进步。

综上，新时代美德健康生活方式同社会主义核心价值观对公民道德行为的要求直接对应，与爱国、敬业、诚信、友善的精神内涵相契合。

2. 新时代美德健康生活方式符合社会主义核心价值观社会层面价值取向对公民的潜在要求

自由、平等、公正、法治是社会主义核心价值观对社会层面的要求，体现了当代中国主流的价值导向。社会层面价值取向的最终实现，同样离不开新时代美德健康生活方式在全社会的推广和落实。

一方面，新时代美德健康生活方式符合“自由”“平等”这两个价值取向的潜在要求。自由，从政治哲学的角度看，代表国家赋予公民的人身、财产、言论等各种权利在遵循法律规范的前提下正常行使。中国特色社会主义事业的出发点是实现最广大人民的根本利益，必然会推进公民自由全面的发展。平等，是衡量人类文明进步的重要标准之一。全体公民在作为社会主体的意义上是平等的，每个人的生存和发展需求都应受到同等的尊重。新时代美德健康生活方式倡导公民在生活中自律助人，在社交中诚信利他，能够满足自由全面发展对公民行为规范的潜在要求，加强公民的自由意识与平等观念。

另一方面，新时代美德健康生活方式符合“公正”“法治”这两个价值取向的潜在要求。公正，即公平正义，存在于社会生活的各个领域，要求对各类社会资源进行公平合理的分配。我国一直把公正作为处理各项事务的准则，并注重在实践中贯彻落实。法治，是将法律作为治理国家和社会的最高依据。社会主义法治理念为建设法治社会、保障广大公民的切身利益发挥了重要作用。党的二十大报告指出，要加快建设法治社会，“弘扬社会主义法治精神，传承中华优秀传统法律文化，引导全体人民做社会主义法治的忠实崇尚者、自觉遵守者、坚定捍卫者”。新时代美德健康生活方式能够引导公民以公平公正的态度参与国家、社会的各项事务，引导公民树立法治意识，加强法治观念，形成遵纪守法的社会氛围。

全面实现社会的自由、平等、公正、法治，需要通过倡树新时代美德健康生活方式，在社会生活的各个领域中引导公民形成良好的思想观念、文明风尚和行为规范，从而推进社会层面价值取向的最终达成。

3. 新时代美德健康生活方式符合社会主义核心价值观国家层面价值目标对公民的潜在要求

实现中国的富强、民主、文明、和谐，是近代以来中国人民坚持不懈的共同愿望，有着强劲的精神动力。继党的十九大报告之后，党的二十大报告再次强调，到本世纪中叶，要把我国建成富强民主文明和谐美丽的社会主义现代化强国。国家层面价值目标的最终实现，需要新时代美德健康生活方式提升公民能力，完善公民素养。

一方面，新时代美德健康生活方式对公民的观念行为的塑造与提升，符合“富强”“文明”这两个价值目标的潜在要求。富强包含两方面的追求——人民富裕、国家强盛。人民富裕是国家强盛的基础，国家强盛能够为人民富裕提供保障。两者互为条件，相辅相成。文明，在中国古代代表教养、教化。用现代的观点来看，文明代表国家和社会发展的先进状态。党的二十大报告指出，中国式现代化是全体人民共同富裕的现代化，是物质文明和精神文明相协调的现代化。新时代美德健康生活方式能够引导公民踏实奋进、敬业务实，提升公民基本素养，全社会积少成多，从而全面、扎实推动国家物质财富、精神财富的累积与发展。

另一方面，新时代美德健康生活方式对公民的观念行为的塑造与提升，符合“民主”“和谐”这两个价值目标的潜在要求。民主，在中国古代与民本思想紧密相关，古代思想家、政治家围绕民本提出一系列重要的思想与主张，在历史上产生了深远影响。在当代，社会主义民主意味着人民当家作主，人民是国家的主人，并通过各种形式参与到国家事务中来。党的二十大报告指出，要发展全过程人民民主，“全过程人民民主是社会主义民主政治的本质属性，是最广泛、最真实、最管用的民主”，要拓展民主渠道，丰富民主形式，积极发展基层民主。和谐，代表事物内部诸要素矛盾统一或者不同事物相辅相成、共同发展的辩证关系。党的十六届四中全会正式提出了构建社会主义和谐社会的重大课题。新时代美德健康生活方式能够引导公民提升自身素养，通过民主方式参与国家事务，并在人的内心、人与人、人与自然等方面建立融洽关系，从而推动民主、和谐目标的实现。

国家是由公民组成的。新时代美德健康生活方式从社会生活的各个方面塑造公民的行为规范，提振公民的精神面貌。因此，实现社会主义核心价值观国家层面的价值目标，需要公民在日常生活中践行新时代美德健康生活方式。

（二）培育社会主义核心价值观的具体实践方式

社会主义核心价值观如何转化为具体实践，做到知行合一，是一个关键问题。新时代美德健康生活方式可以作为社会主义核心价值观的具体实践方式和有效路径。

1. 社会主义核心价值观公民层面价值准则的具体实践方式

爱国、敬业、诚信、友善，是社会主义核心价值观对于公民行为规范、品德素养的现实要求，可以在倡树新时代美德健康生活方式的过程中得到实践。

第一，新时代美德健康生活方式是“爱国”准则的具体实践。爱国要求公民对伟大祖国的历史文化抱有高度的认同感，充分肯定祖国当前的建设发展，并将个人价值的实现融入社会主义现代化建设的伟大实践中。当前，受西方极端个人主义价值观的冲击，我国社会个别领域出现了奉西方为圭臬、歪曲我国历史、亵渎人民英雄的现象。随着民族复兴脚步的加快，美西方对我国的打压无所不用其极，既有经贸摩擦、技术封锁，又有舆论抹黑、价值观渗透，传播历史虚无主义和文化虚无主义。新时代美德健康生活方式提倡公民继承传统家国情怀，树立文化自信，从优秀传统文化、革命文化、社会主义先进文化中汲取养分。这能够强化社会主义核心价值观的根基，筑牢社会主义意识形态的防线，在复杂的国际环境中更好地唱响主旋律、掌握主动权。

第二，新时代美德健康生活方式是“敬业”准则的具体实践。敬业是公民提高工作能力、推动事业发展、实现自身价值必需的道德素养。敬业要求公民在工作中勤勉努力、扎实进取，不断提升业务能力。公民自己通过敬业爱岗、踏实工作，也能够增加收入，提升生活质量。与此对应，新时代美德健康生活方式要求公民弘扬自强不息、敬事尽责、革故鼎新、励精图治的传统美德，通过人人奋斗实现人人共享。新时代美德健康生活方式倡导在学校中加强师德师风建设，对教职工进行道德、心理与法治的专题教育培训，建立全环境立德树人教育激励机制；在行政机关中将倡树新时代美德健康生活方式与建设让党放心、让群众满意的模范机关紧密结合；在企业中深化职业道德建设。这些都是对社会主义核心价值观“敬业”准则的实践。

第三，新时代美德健康生活方式是“诚信”准则的具体实践。诚信是公民的基本道德品质之一，是个人发展、社会正常运行不可缺少的必要条件。在社会主义市场经济持续运行中，公民的诚信品质、社会的诚信风气起到了有力的推动作用。但必须看到，在现代社会条件下，诚信缺失的问题仍然比较严重。因此，在公

2022 年 4 月，烟台市检察院举行了“新时代美德健康生活方式 · 诚信建设万里行”主题宣传活动，收到了良好的教育效果

图片来源：烟台市委宣传部提供

民个人品德、职业道德、社会公德诸方面还需要进一步推动诚信建设。新时代美德健康生活方式要求公民在社交生活中重信守诺，推动构建全社会诚信体系。在诚信体系中，守信联合激励机制和失信联合惩罚机制将要构建并逐步完善，公共信用评价、行业信用评价将与政务、金融、税务等部门相互贯通，诚信守法的业务主体能够获得政策支持，失德失信失范、违反公序良俗的恶劣行为将被严厉整治。

第四，新时代美德健康生活方式是“友善”准则的具体实践。友善是公民对周边环境的基本预期与基本需求。维系社会公共空间的有序运行，在全社会营造和谐氛围，需要公民形成友善的人际关系。新时代美德健康生活方式号召公民在家庭中敦亲睦邻、尊老爱幼，在社交中友善待人、助人为乐，在工作中团结协作、共同发展。乡村、社区是公民最基本的公共空间，也是倡树新时代美德健康生活方式的重点领域。在乡村与社区中组建、完善志愿服务队伍来加强公民之间心理上的沟通，是倡树新时代美德健康生活方式的一项重要工作。例如，菏泽市鄄城县陈王街道启动新时代文明实践家庭站工作，有针对性地开展儿童关怀、政策讲解、心理疏导等工作，取得了良好效果。所以，新时代美德健康生活方式是实践“友善”准则的有效途径。

2. 推动实现社会主义核心价值观社会层面价值取向、国家层面价值目标的具体实践方式

社会主义核心价值观中社会层面价值取向、国家层面价值目标的实现，并不仅仅是党和政府的任务，还是全体公民的责任，因为国家和社会都是由一个个具体的公民组成的。新时代美德健康生活方式能够对公民在生活的各个领域、各个环节重塑行为规范，提振精神面貌起到积极的推动作用。

一方面，新时代美德健康生活方式是推动实现社会层面价值取向的具体实践方式。第一，自由是公民全面发展的重要前提。改革开放、经济发展与社会进步需要一定程度的思想自由、行为创新来突破约束、开拓进取。第二，平等是保障人民当家作主的基本条件，是促进整个社会实现公平正义的基础。第三，公正符合最广大人民的根本利益，是维持国家稳定、推动社会发展的有力保证。第四，法治是自由平等、公平正义的重要保障。坚持并贯彻社会主义法治理念，也需要广大公民树立法治观念，形成自觉尊法、学法、守法、用法的社会风气。倡树新时代美德健康生活方

式将坚持基层创新创造，充分发挥群众的主体作用，推动公民的自由全面发展；着眼于日常行为习惯的养成，帮助公民树立平等意识与公正观念；在推进措施中“德法兼治”，促进体现公序良俗的道德准则上升为法律规范，从而进一步巩固全社会的法治风气。总之，新时代美德健康生活方式有助于推动社会层面价值取向的最终达成。

另一方面，新时代美德健康生活方式是推动实现国家层面价值目标的具体实践方式。第一，国家富强要依靠广大公民的辛劳工作来实现。公民应将个人理想与民族复兴的伟大梦想有机结合起来，把个人的发展进步融入民族复兴的伟大征程中。第二，全过程人民民主的实现需要公民的广泛参与，需要调动公民与基层单位的积极性，需要提升公民的民主素养与政治参与意识。第三，国家与社会文明程度的提高，有赖于政府层面的努力，更有赖于广大公民文明素养的整体提升。第四，构建“诚信友爱、充满活力、安定有序、人与自然和谐相处”的和谐社会，需要公民平等友善，诚实守信，积极向上，树立正确的消费观、生态观。新时代美德健康生活方式能够促进公民将个人发展同国家建设、社会进步有机联系起来；能够引导公民把民主转化为日常的生活方式，提升公民的民主参与意识，推动全过程人民民主的实现与发展；能够塑造公民的文明风尚、精神面貌和价值观念；能够在社交、工作、消费等领域推动和谐社会的构建。因此，新时代美德健康生活方式有助于推动国家层面价值目标的最终实现。

（三）推动社会主义核心价值观落细、落小、落实的切入点

习近平总书记指出："一种价值观要真正发挥作用，必须融入社会生活，让人们在实践中感知它、领悟它，达到'百姓日用而不知'的程度。"党的十九大报告也强调，要把社会主义核心价值观融入社会发展的各个方面，并将之转化为人们的情感认同和行为习惯。党的二十大报告进一步指出，要广泛践行社会主义核心价值观，深入开展社会主义核心价值观宣传教育，"实施公民道德建设工程，弘扬中华传统美德，加强家庭家教家风建设"，"推动明大德、守公德、严私德，提高人民道德水准和文明素养"，"在全社会弘扬劳动精神、奋斗精神、奉献精神、创造精神、勤俭节约精神"。习近平总书记的系列重要指示，为培育和践行社会主义核心价值观提供了明确引领。

新时代美德健康生活方式着眼于个人、家庭、社交、消费、工作等公民生活的各个方面，从乡村、社区、学校、机关、企业等重点领域入手，打造适应新时代要求的思想观念、精神面貌、文明风尚与行为规范。因此，它是推动社会主义核心价值观落细、落小、落实的切入点，能够通过看得见、用得着的方式将社会主义核心价值观融入公民的现实生活中。

1. 推动社会主义核心价值观落细、落小、落实的重要抓手

习近平总书记指出："要切实把社会主义核心价值观贯穿于社会生活方方面面。""要注意把我们所提倡的与人们日常生活紧密联系起来，在落细、落小、落实上下功夫。"推动落细、落小、

落实，是培育和弘扬社会主义核心价值观的重要步骤和必然要求。新时代美德健康生活方式响应了“切实把社会主义核心价值观贯穿于社会生活方方面面”的指示。它的基本内容及目标任务主要包括如下方面：在个人生活中提倡“自律助人”的立身之道，在家庭生活中提倡“孝老爱亲”的齐家之道，在社交生活中提倡“诚信利他”的仁爱之道，在工作生活中提倡“共建共享”的敬事之道，在消费生活中提倡“节俭绿色”的共生之道。新时代美德健康生活方式从以上这五方面引导、重塑公民的精神风貌与行为规范，基本涵盖了公民在社会生活中的所有方面，五项目标任务则将社会主义核心价值观进一步具体化、日常化。

新时代美德健康生活方式遵循了习近平总书记“落细、落小、落实”的指示。第一，在个人生活中，新时代美德生活方式提倡公民坚守慎独慎微的自律意识，塑造文明优雅的行为修养，追求积极健康的生活情趣。这可以推动社会主义核心价值观内化为公民的精神追求，外化为公民的自觉行动。第二，在家庭生活中，新时代美德健康生活方式提倡公民敬老爱幼，维系家庭和谐；夫妻和敬，营造温馨港湾；敦亲睦邻，构建友善邻里；慎终追远，传承和美家风。这可以为公民投身国家建设和社会发展、践行社会主义核心价值观构筑良好的家庭基础。第三，在社交生活中，新时代美德健康生活方式提倡公民培养友善待人的雅量、宽厚待人的格局、诚信做人的智慧与仁者爱人的境界。它结合中华优秀传统文化将诚信、友善的准则予以具体化。第四，在消费生活中，新时代美德健康生活方式倡导天人合一、勤俭节约、绿色低碳、适度消费，贯彻了习近平生态文明思想，也体现了人与自然生命共同体的理念。同时，这也是着眼于日常生活推动生态文明建设的有效途径。第五，在工作生活中，新时代美德健康生活方式继承和弘扬中华传统文化中自强不息、励精图治的精神，提倡公民“撸起袖子加油干”，实践敬业准则，从而推动国家富强、社会文明的进步。

2. 推动社会主义核心价值观的落细、落小、落实的重要路径

关于社会主义核心价值观的落细、落小、落实，习近平总书记还有更具体的指示。习近平总书记指出：“要通过教育引导、舆论宣传、文化熏陶、实践养成、制度保障等，使社会主义核心价值观内化为人们的精神追求，外化为人们的自觉行动。”“要按照社会主义核心价值观的基本要求，健全各行各业规章制度，完善市民公约、乡规民约、学生守则等行为准则，使社会主义核心价值观成为人们日常工作生活的基本遵循。”“广大党员、干部必须带头学习和弘扬社会主义核心价值观，用自己的模范行为和高尚人格感召群众、带动群众。要从娃娃抓起、从学校抓起，做到进教材、进课堂、进头脑。”“要利用各种时机和场合，形成有利于培育和弘扬社会主义核心价值观的生活情景和社会氛围，使核心价值观的影响像空气一样无所不在、无时不有。”总之，培育和践行社会主义核心价值观应该在全社会的各个领域展开，应该吸引群众广泛参与，应该利用各种时机、各种场合全方位地进行。

与此对应，倡树新时代美德健康生活方式将从五个重点领域入手：在基层乡村融入乡风民俗，在城乡社区融入文明建设，在学校融入立德树人全过程，在机关事业单位融入模范机关建设，在企业

融入行业行规。山东各地市已经开展了很多有益的尝试。例如，胶州市九龙街道小荒村的“德孝基金会”采取切实有力的措施帮助当地老年人，在基层乡村培养扶困济苦的风气；淄博市淄川区充分发挥“明理胡同”接地气、有人气的优势，多措并举宣传党史，在社区建立学党史、悟思想的公共活动基地；兖州市兖州区打造“‘兖’讲乐万家”百姓宣讲品牌，活动范围涵盖党政机关、企事业单位、学校、社区，引导群众学习党的光辉历史，倾听红色经典故事。总之，培育和践行社会主义核心价值观要从五个重点领域展开，要统筹全局、设计科学、规划有力，这必将进一步推动社会主义核心价值观的落细、落小、落实。

学“习”书屋在学习传播科学理论、推动思想引领铸魂方面发挥了巨大作用，被寿光市委宣传部要求在全市推广建设

图片来源：潍坊市委宣传部提供

“‘兖’讲乐万家”百姓宣讲品牌

图片来源：济宁市委宣传部提供

综上所述，新时代美德健康生活方式与社会主义核心价值观的精神内涵相契合，是培育社会主义核心价值观的具体实践方式和重要实践载体，能够推动社会主义核心价值观落细、落小、落实，能够将社会主义核心价值观全方位、多层次、宽领域地融入人民群众的日常生活中。

三、弘扬时代新风、创造美好生活的客观要求

风气是一个时代的风向标，不仅是人们精神生活的真实反映，也是社会观念的直接体现。良好的社会风气能够陶冶人们的道德情操，改善人们的精神状态，约束人们的不良行为，促进人的全面健康发展，从而推动社会的文明进步。习近平总书记指出："要大力弘扬时代新风，加强思想道德建设，深入实施公民道德建设工程，加强和改进思想政治工作，推进新时代文明实践中心建设，不断提升人民思想觉悟、道德水准、文明素养和全社会文明程度。"弘扬时代新风，就是要以习近平新时代中国特色社会主义思想为指导，弘扬社会主义新思想、新观念、新风尚。

倡树新时代美德健康生活方式，是弘扬时代新风的具体举措。弘扬时代新风，需要具体的实现路径和方法，而倡树新时代美德健康生活方式，正是从乡村、社区、学校、机关、企业五个重点领域，个人生活、家庭生活、社交生活、消费生活、工作生活五个方面，将弘扬时代新风的内容和要求具体化。倡树新时代美德健康生活方式，有利于涵养社会主义时代新风。

（一）有利于培育良好家风

新时代美德健康生活方式明确要求，要加强文明家庭建设，培育和弘扬优良家风。家风是修身之本，齐家之要，治国之基。习近平总书记在党的二十大报告中明确指出：“实施公民道德建设工程，弘扬中华传统美德，加强家庭家教家风建设，加强和改进未成年人思想道德建设，推动明大德、守公德、严私德，提高人民道德水准和文明素养。”家庭家教家风建设是公民道德建设工程的重要组成部分，良好的家风，不仅能够涵养人格品质，对个人的成长成才、家族的繁衍昌盛至关重要，而且对良好社会风气的养成也有着不可估量的作用。家风反映的是一个家族或家庭成员的精神风貌、思想情感、道德品质、审美情趣等，其本质是整个家族或家庭的共同价值观念与价值追求。家庭是社会的细胞，家庭文明和谐，关乎家庭成员福祉，也关乎社会文明进步。

中华民族素有重视家庭、家教、家风的优良传统，讲究“修身齐家治国平天下”“国有国法、家有家规”。在中国历史上，许多家训传承数百年甚至上千年，成为中华民族精神的重要组成部分。如中国古代伟大的思想家孔子在孔氏家风的塑造中就起了关键作用。孔子告诫儿子孔鲤“不学诗，无以言”“不学礼，无以立”，此后“学诗学礼”成为孔氏家族的祖训，诗礼传家也就成为孔氏家族的家风。孟母三迁、断织喻学的故事可谓深入人心。无数贤达之士，为培育与传承良好家风，或言传身教，或著书立说，积淀起丰厚、宝贵的家风家教文化资源与精神财富。

过庭诗礼图

图片来源：《孔子圣迹图》，清同治十三年孔宪兰刻本

倡树新时代美德健康生活方式，是对中华优秀家风文化的传承和弘扬。优良家风，是中华优秀传统文化的积淀，是传统士大夫精神追求的结晶。习近平总书记指出："中华民族传统家庭美德铭记在中国人的心灵中，融入中国人的血脉中，是支撑中华民族生生不息、薪火相传的重要精神力量，是家庭文明建设的宝贵精神财富。"传承优良家风主要传承的是价值观念、精神信仰。建设新时代优良家风，既应传承中华民族传统优良家风，更要契合时代要求，推动形成爱国爱家、相亲相爱、向上向善、共建共享的社会主义家庭文明新风尚。

党的十八大以来，习近平总书记特别注重家庭、家教和家风建设，作出了许多重要论述，指出："家庭的前途命运同国家和民族的前途命运紧密相连""家庭是社会的细胞""家庭是人生的第一个课堂""家风是一个家庭的精神内核""家风是社会风气的重要组成部分”；妇女在“树立良好家风方面”具有“独特作用”；“领导干部的家风，不是个人小事、家庭私事，而是领导干部作风的重要表现”；等等。习近平总书记关于家庭家教家风建设的重要论述，为我们深刻把握家庭家教家风建设的丰富内涵和目标任务，推动新时代家庭家教家风建设高质量发展，弘扬社会主义家庭文明新风尚，提供了根本遵循。

倡树新时代美德健康生活方式，是贯彻落实习近平总书记关于注重家庭家教家风重要论述的具体措施。我们要以习近平新时代中国特色社会主义思想为指导，以建设文明家庭、实施科学家教、传承优良家风为重点，着力做好如下几个方面的工作：

一是以社会主义核心价值观引领家庭家教家风建设。良好家风和家庭美德是社会主义核心价值观在现实生活中的直观体现。家庭家教家风建设与整个社会建设紧密相连，必须遵循社会主义核心价值观的基本要求。新时代加强家庭家教家风建设，要充分重视社会主义核心价值观的引领功能，鼓励和引导家庭成员既要在家庭内部塑造美好家庭，也要积极融入全社会的共建共享中，形成家庭建设与社会建设的良性互动，用社会主义核心价值观引领新时代美德健康生活方式。

二是要充分发掘中国古代优秀的家风家训资源。家训、家规在传承个人品德以及民族精神中起到了重要载体作用。中国历史上诞生了很多脍炙人口的家规家训，如诸葛亮的《诫子书》、颜之推的《颜氏家训》、朱熹的《家礼》、朱伯庐的《朱子家训》等名篇。这些家训、家规，汇集了中国至圣先贤的大智慧，凝聚了中国仁人志士的担当与风骨，融入中华儿女的血脉之中，成为支撑中华民族生生不息的精神力量。倡树新时代美德健康生活方式，要充分发掘优秀的家风家训资源，促进家风文化在新时代的创造性转化和创新性发展。

三是围绕落实立德树人根本任务开展家庭教育。习近平总书记指出："家庭是社会的基本细胞，是人生的第一所学校。不论时代发生多大变化，不论生活格局发生多大变化，我们都要重视家庭建设。"立德树人是家庭教育的根本任务。倡树新时代美德健康生活方式，要紧紧围绕落实立德树人根本任务开展家庭教育，用正确思想和方法培养孩子，使孩子从小养成好品行、好习惯，以正确的世界观、人生观、价值观积极处事，以高尚品德融入社会，以健全人格成就自我，从而真正达到立德树人的目标要求。

四是要把握好培育良好家风与党风国风的关系。家风潜移默化塑造着党风，影响着国家治理。习近平总书记指出："把家风建设作为领导干部作风建设重要内容，弘扬真善美、抑制假恶丑，营造崇德向善、见贤思齐的社会氛围，推动社会风气明显好转。"弘扬传统文化、建设优良家风，是全面从严治党，抓好作风建设的重要方面。习近平总书记在十八届中央纪委六次全会上指出："领导干部要把家风建设摆在重要位置，廉洁修身、廉洁齐家。"家风看似无形，但通过潜移默化的影响，对人心的约束是有形的。因此，党员干部要注重家风的养成，加强党性修养，弘扬传统美德，从而推进党风、政风、社会风气的向好发展。比如，济南市槐荫区民政局将党建文化与家风家规家训相结合，在全省率先建设"党建文化、家风家规家训实践馆”，通过多媒体互动，开展党建廉政和优良家风宣传教育，展示历代优秀家风家规家训，进一步增强婚姻当事人对崇廉拒腐和建设良好家风的责任感。

济南市槐荫区民政局婚姻登记处党建文化、家风家规家训实践馆

图片来源：济南市委宣传部提供

五是注重发挥家庭家教家风建设在基层社会治理中的重要作用。家风与乡风、社风相互联动。良好家教家风对形成社会主义文明新风尚、推进移风易俗、维护社会和谐安定具有基础性作用。倡树新时代美德健康生活方式，要将优良家教家风融入社会风气建设中，注重发挥家庭家教家风建设在基层社会治理中的重要作用，着力打造和谐社区，推进美丽乡村建设，提升家庭家教家风建设的实效性，促进基层治理走向现代化。在我国，和谐社区和美丽乡村不仅是无数家庭共同参与建设的结果，也是影响无数家庭建设优良家教家风的重要环境基础。要积极引导人民群众参与文明城市、美丽乡村建设，为基层社会治理作出有益贡献。

家风与乡风、社风相互联动，优秀的家风文化能够带动文明乡风、淳朴民风建设。比如，曲阜市积极将儒家文化融入新时代文明实践中心建设，在文明实践站专门设立“家风墙”，梳理总结了17个姓氏家族的家风家训。很多村民自觉把家训悬挂于自家屋子里的醒目位置，以作为不断学习、遵循的社会生活准则。为帮助群众重拾“祖辈叮咛”、梳理遗失家风，曲阜市相关部门和人员累积入户2000余家，送家风牌匾入户1500余家，同时通过征集普通家庭的好家规好家训编辑整合了《孔子故里好家风作品选》，把家风建设的触角深入城乡每一个角落。曲阜市的“家风家训传承”等3个项目还入选全国志愿服务项目典型案例。再比如，菏泽市鄄城县以“孝老爱亲·树立良好家风”为主题，发动群众积极展现家庭文化建设成果，总结自身家庭的好家风好家训，引导广大青少年及其父母从家风家训等传统美德中汲取孝老爱亲道德养分，努力培树尊老爱幼、勤俭持家、自立自强、科学教子观念，树立孝老爱亲文明新风尚。

倡树新时代美德健康生活方式，与培育良好家风相辅相成。培育良好家风是新时代美德健康生活方式的重要任务，倡树新时代美德健康生活方式是推动新时代家风建设的具体措施。家风是维系家庭关系的重要纽带，也承载着重要的社会功能，是培育优秀道德品质的摇篮。优良家风的传承培育既是国家社会的责任，也是家庭和个人的使命。要把培育良好家风融入美德健康生活方式之中，转化为人们的精神追求、日常生活和行为习惯，形成家庭家教家风建设的合力，共同营造注重家风建设的良好氛围。

（二）有助于培育淳朴民风

倡树新时代美德健康生活方式，意味着要持续深化移风易俗，改变婚、丧、寿、节等方面的不良风气。在中国数千年的文明发展史中，形成了各具特色的风俗文化，其中既有规范和引导人们思想和言行的良好习俗，也有禁锢人们思想、阻碍社会进步的陈规陋俗。一些不适应新时代的旧风俗，千百年来已成惯例，相沿成习。陈规陋俗所造成的社会矛盾、经济负担、奢侈浪费、价值观扭曲等问题严重影响了社会生活秩序。要想彻底改变，绝非朝夕之功，实则任重而道远。陈规陋习之所以无法得到根本解决，主要有如下几方面原因：

第一，封建残余等糟粕的不良影响。中国是一个人情社会，正常的人情往来是维系社会关系的重要纽带，但在一些地区，人情负担加重的情况屡见不鲜。越是偏僻落后的地方，礼俗越繁缛，“人情”越厚重。“人情债”像一座大山压在广大群众身上，严重影响了人们的日常生活。除此之外，天价彩礼、恶俗婚闹、薄养厚葬、大操大办、炫富攀比、铺张浪费、封建迷信等歪风陋习也没有根除，甚至出现因婚致贫、因丧致贫等问题。

第二，长期以来主要通过行政力量改革陈规陋俗的做法，存在明显问题。移风易俗是新时期精神文明建设的重要内容，各级宣传部门、文明办等积极响应国家政策，依靠行政力量，完善村规民约、建立红白理事会、道德评议会等，用新的文化形式和风尚代替陈规陋俗，在宣传引导、建章立制等方面取得了显著成效。但在实际的推进过程中，也存在着民意基础薄弱、脱离社会实际、手段过于生硬等明显不足。

第三，在移风易俗的过程中，各地区传统文化资源没有得到充分运用。农村地区具有丰富的传统文化资源，过去的移风易俗实践虽然也重视传统文化资源，但存在挖掘不够、滥用误用、主体对象错位等问题。要避免此类问题，实践中可以积极探索移风易俗新路径，提炼传统文化精髓，选择好移易的时机，把握适用范围，守住优秀传统文化精华和本根，依靠农村优秀传统文化的弘扬、传播与浸染，因俗而治，实现民众的内在变化，主动地推动移风易俗。

改变陈规陋俗，培育文明乡风、淳朴民风，是倡树新时代美德健康生活方式的应有之义。二者在多个方面存在着一致性：其一，在对象上，都坚持“一切以人民为中心”，以基层民众为主体。其二，在涉及领域上，倡树新时代美德健康生活方式覆盖乡村、社区、学校、机关和企业，这同样是推进移风易俗、倡导文明乡风的重点区域。其三，在与乡村振兴的关系上，二者共同指向乡村文化的接续与振兴。其四，在对待传统文化的态度上，都强调要挖掘好、利用好地方文化资源。

倡树新时代美德健康生活方式，是当下改变陈规陋习，培育文明乡风、淳朴民风的重要途径。倡树新时代美德健康生活方式与培育文明乡风、淳朴民风有着内在一致性。新时代美德健康生活方式要求从勤俭节约入手，从婚丧事抓起，倡导婚、丧、寿、节等新礼仪，坚决整治大操大办、高额彩礼、恶俗婚闹、薄养厚葬、封建迷信等不良行为。具体而言，在乡村，把倡树美德健康生活方式与推

2022 年 8 月 4 日，威海高新区田和街道举行七夕金婚纪念活动

图片来源：威海市委宣传部提供

进乡村振兴紧密结合，持续深化移风易俗，深入推进乡村文明行动，建好用好乡村新时代文明实践站。在社区，与深化文明城市创建紧密结合，动员居民积极参与文明创建、社会公益、群体活动和组团式休闲生活，建好用好社区新时代文明实践站，加强社区文化建设，开展绿色低碳社会行动示范创建。而乡风文明建设是实施乡村振兴战略的总要求之一，旨在提升农民群众思想觉悟、道德水准、文明素养和全社会文明程度。培育文明乡风、淳朴民风，与倡树新时代美德健康生活方式有着内在一致性，在大力弘扬新风正气，推进移风易俗，展现乡村、社区文明新气象等方面是相同的，并相互促进。

倡树新时代美德健康生活方式，改变社会陈规陋习，培育文明乡风、淳朴民风，应当着力解决好如下几个关键问题：

第一，以社会主义核心价值观为引领，服务国家精神文明建设。

改变社会陈规陋习，培育文明乡风、淳朴民风，需要有正确的思想引领。党的十八大以来，以习近平同志为核心的党中央高度重视社会主义精神文明建设，积极推动培育和践行社会主义核心价值观，深入开展群众性精神文明创建活动，广泛开展社会公德、职业道德、家庭美德、个人品德教育，不断提升人民文明素养和社会文明程度。倡树新时代美德健康生活方式，要以习近平总书记重要讲话精神为指导，以社会主义核心价值观为引领，倡导科学文明的生产生活方式，推进移风易俗，改变陈规陋习，建立健全村规民约、市民公约、学生行为守则、行业协约等符合新时代要求的社会性规范，弘扬时代新风，培育文明乡风、良好家风、淳朴民风，焕发城乡文明新活力，服务国家精神文明建设的大局。

东营市“一米阳光 助爱出行”志愿服务活动

图片来源：东营市委宣传部提供

第二，充分挖掘和利用好地方文化资源，深入推进中华优秀传统文化创造性转化和创新性发展。中共中央、国务院印发的《乡村振兴战略规划（2018—2022年）》明确提出要“深入挖掘农耕文化中蕴含的优秀思想观念、人文精神、道德规范，充分发挥其在凝聚人心、教化群众、淳化民风中的重要作用”。这对倡树新时代美德健康生活方式具有重要启示。倡树新时代美德健康生活方式，可以依靠农村优秀传统文化的弘扬、传播与浸染，结合地方经济社会的发展实际开展工作，让民众自觉接受、主动推动移风易俗。比如，济南市槐荫区在婚姻登记处颁证大厅开展融合传统文明和现代文明的颁证仪式，以“新”仪式+“老”传统颁证仪式催化婚俗改革；建设“婚俗博物馆”，展示百年婚俗文化以及收藏的婚俗实物。通过百年婚俗、百年婚证、婚俗实物、实景呈现等多方展示，寓教于乐，将婚俗故事、婚俗演变、优秀传统文化融入婚姻文化传承中，让新婚当事人了解婚姻文化的历史，注重结发之礼和夫妻之义，在今后的婚姻生活中，谨遵古人互敬互爱、重礼重教的婚姻家庭观，感悟铭记婚姻家庭蕴含的责任与担当。

第三，把倡树新时代美德健康生活方式与乡村振兴、文明城市建设紧密结合。推进移风易俗，弘扬文明新风，提高社会文明程度，既是乡村振兴战略的重要内容，也是创建文明城市的内在要求。必须推进移风易俗，才能破除薄养厚葬、高价彩礼、炫富攀比、大操大办等歪风陋习，建立科学、健康、文明的生活方式，打造移风易俗示范村（社区）镇（街道），有力带动乡村振兴和文明城市创建。因此，倡树新时代美德健康生活方式，既要大力推进文明城市建设，也要对日趋衰落的乡村文化进行保护、修复和振兴。

第四，探索灵活多样的美德健康生活方式实现路径，不搞行政命令和“一刀切”。以往的移风易俗基本上是沿用政府推动、民众被动接受，依靠行政力量革除陋俗的单一实现路径，很难从根本上改变陈规陋俗。倡树新时代美德健康生活方式，则应当发挥群众的主体作用，既要尊重传统文化，用好传统文化，又要满足移风易俗、保护环境的治理需求，积极做好各项服务保障工作，探索符合地方实际的美德健康生活方式实现路径和方法，不搞行政命令和“一刀切”，切实解决人民群众的后顾之忧。

山东省积极探索美德健康生活方式的实现路径，不断创新实现形式。如淄博市淄川区结合当地婚礼现状，将现代婚礼与传承家风家训、遵守村规民约等相结合，确定了以村书记送村规民约、父母送家风家训、朋友送经典书籍为主要内容的新婚礼“三送”新风，探索了一条喜事新办、喜庆隆重的新婚礼路子。济南市钢城区颜庄街道柳桥峪村通过创新思路，打造“喜事林”移风易俗新品牌，让“家有喜事就栽树”成了新风尚。村里还创办了《新柳桥》报，加大宣传，以潜移默化的方式引导群众逐渐摒弃陈规旧俗，打破旧思维束缚，创新移风易俗新形式。这不仅仅是在树立新风尚、培养新习惯，也是新发展理念在基层落地的体现。

第五，改变根深蒂固的传统观念，把行政命令转化为群众的自觉行动。倡树新时代美德健康生活方式，需要从根本入手，改变根深蒂固的传统观念、落后习俗，引导群众形成与主流价值观相一致的良好风尚。在群众中弘扬节俭美德，提倡科学理性的消

济南市钢城区颜庄街道柳桥峪村创办的《新柳桥》报

图片来源：济南市委宣传部提供

费观，引导群众崇尚科学，反对迷信，革除陈规陋俗，推动形成诚信包容、崇德尚法、健康和谐的良好社会风气。同时，要尊重民族习惯，珍视传统情感，充分考虑经济社会发展水平和地区差异，重在教育引导，以人民群众能够接受的方式积极而为，倡导文明节俭、生态环保的婚葬新风尚，在全社会营造浪费可耻、节约光荣的浓厚氛围。

每个乡村有每个乡村的历史，每个社区有每个社区的故事。倡树新时代美德健康生活方式，既要尊重乡村历史、讲好社区故事，又要积极推进移风易俗，革除陈规陋习，让文明乡风、良好家风、淳朴民风深入人心，让文明内化为每个人的自觉行为，在群众性精神文明创建活动中强化城乡居民道德养成，推动城乡文明程度不断提高。

泰安市岱岳区里峪村开展“香椿树下·讲文明”宣讲活动

图片来源：泰安市委宣传部提供

习近平总书记指出：“文明是现代化国家的显著标志。要把提高社会文明程度作为建设社会主义文化强国的重大任务，坚持重在建设、以立为本，坚持久久为功、持之以恒，努力推动形成适应新时代要求的思想观念、精神面貌、文明风尚、行为规范。”这为倡树新时代美德健康生活方式提供了根本遵循。我们要以习近平总书记的重要讲话精神为指引，推动马克思主义基本原理与中华优秀传统文化相结合，深入推进中华优秀传统文化的创造性转化和创新性发展，践行社会主义核心价值观，弘扬节约、健康、绿色环保的文明新风尚，推动美德健康生活方式转化为人们的精神追求、日常生活和行为习惯，形成人人崇德向善、助人利他的良好社会风尚，为中国特色社会主义建设提供源源不断的精神动力和道德滋养。

（三）有利于创造美好生活

习近平总书记在党的十九大报告中指出："永远把人民对美好生活的向往作为奋斗目标。"在党的二十大报告中他再次强调："坚持把实现人民对美好生活的向往作为现代化建设的出发点和落脚点。"以习近平同志为核心的党中央，坚持以人民为中心的发展思想，顺应人民群众对美好生活的向往，把增进人民福祉、促进人的全面发展作为一切工作的出发点和落脚点，从人民群众最关心最直接最现实的利益问题入手，统筹做好各项保障和改善民生工作，不断提高人民生活水平。而人民对美好生活的向往，既包含物质层面的生活品质的提高，也包含精神层面的思想境界的升华。

倡树新时代美德健康生活方式，要求深化拓展新时代文明实践，发挥物质和精神"两种力量"，用好解决实际问题和解决思想问题的"两把钥匙"，做到服务群众精准到位，倡导科学文明的生活理念、生活方式。因此，倡树新时代美德健康生活方式，正是从物质和精神两个方面提升人民的生活水平。

首届中国滨州传统工艺博览会上，孩子们在体验惠民泥塑

图片来源：滨州市委宣传部提供

新时代人民在物质层面对美好生活的期盼，就是不断提高物质生活质量。把人民对美好生活的向往作为奋斗目标，着力满足人民日益增长的

美好生活需要，必须深刻认识新时代人民对美好生活的新期待。不同时代、不同的历史条件下，人民所期盼的美好生活其内涵有所不同。比如，在物质生活资料匮乏、人民温饱问题得不到解决的历史时期，人民所期盼的美好生活就是能吃饱穿暖有房住。在人民解决了温饱问题、大多数家庭有余粮有存款的改革开放新时期，人民期盼的美好生活则包括有更好的教育、更稳定的工作、更满意的收入、更可靠的社会保障、更高水平的医疗卫生服务、更舒适的居住条件、更优美的环境。时至今日，随着经济社会发展，人民群众对高品质生活的需求也越来越高。人民对美好生活的期待和向往，更多地表现为对天蓝水清、空气洁净、吃喝放心、出行安全的向往和期待，对平安有序、稳定和谐生活环境的向往和期待。

倡树新时代美德健康生活方式，必须在实现人民生活品质显著提升上下功夫、做文章。要全面贯彻新发展理念，积极探索满足人民群众日益增长的美好生活需要的现实路径，落实发展成果人人共享的检验标准。要让就业更加充分更有质量，教育更加公平更为优质，医疗服务水平迈上新的台阶，困难群体得到更好的关心扶助，城乡环境更加美丽宜居。要构建更为完善的公共服务体系和社会保障体系。要千方百计让人民群众在高质量发展中更好享受高品质生活，让百姓的获得感幸福感安全感更加充实、更有保障、更可持续。

倡树新时代美德健康生活方式，不仅在于提高人们的生活质量，更在于提升人们的精神境界。人的精神境界的高低，表现为思想修养、道德水准、审美观点和终极关怀等方面。境界决定人的品位，品位决定人格，人格决定生命的意义和价值。由此，我们应当关注并重视人们精神境界的培养，每个人都应把追求崇高精神境界作为一种自觉和习惯。习近平总书记强调：“博大精深的中华优秀传统文化是我们在世界文化激荡中站稳脚跟的根基。中华文化源远流长，积淀着中华民族最深层的精神追求，代表着中华民族独特的精神标识，为中华民族生生不息、发展壮大提供了丰厚滋养。”中国之所以能够在世界舞台上迅速崛起，从来都有不可忽略的精神因素和精神力量在支撑，这种精神力量正是来源于中国5000多年文明的积淀和孕育。倡树新时代美德健康生活方式，提升人们的精神境界，既是实现伟大“中国梦”的必然要求，也是中华民族文化复兴的重要标志。

精神境界表现为崇高的理想信念。理想有个人理想和社会共同理想之分。社会共同理想决定和制约着个人理想，个人理想只有同社会的需要和大多数人的利益一致，才有可能实现。而个人理想也是社会共同理想的组成部分，社会共同理想的实现，要靠全体社会

“先天下之忧而忧，后天下之乐而乐。”——范仲淹

“天下兴亡，匹夫有责。”——顾炎武

成员共同努力。社会共同理想以个人理想为基础，个人理想以社会共同理想为导向。中华文明历来把人的精神生活纳入人生和社会理想之中，强调将个人价值融入社会价值，不断提高自己的精神境界，使崇尚气节、讲求操守、追求崇高思想境界，始终成为中华民族生存、繁衍和不断发展的内在动力和源泉。中国古代先贤所倡导的“修身齐家治国平天下”的人生追求，“先天下之忧而忧，后天下之乐而乐”的奉献精神，“天下兴亡，匹夫有责”的担当精神，“苟利国家生死以，岂因祸福避趋之”的家国情怀，无不彰显着崇高的精神境界，应当成为我们奋斗的目标。倡树新时代美德健康生活方式，必须坚定理想信念，自觉把个人价值融入时代要求，树立向上向善的主流价值观。崇高的理想能够指导人们遵纪守法，诚实守信，见义勇为，热心公益，大公无私，乐于奉献，坚持和传播正能量，让社会更加和谐、温暖、公平和公正。

新时代美德健康生活方式，是新时代共同创造美好生活的根本要求。美好生活从个人层面的构建，就是物质富裕基础上的健康和精神心理层面的健康一体统一，而支撑精神心理层面健康的核心是美德。中国传统文化历来讲究“仁者寿”“德为福寿之本”“大德必得其寿”，良好的道德修养对于健康具有正面促进作用。新时代的美德，是中华优秀传统文化中的道德观，是基于马克思主义基本原理的革命文化和社会主义先进文化中的道德观的辩证统一，是明大德、守公德、严私德的辩证统一。践行新时代美德健康生活方式，要坚持正确的思想引领，用马克思主义的立场、观点和方法理解和分析人类社会发展的基本规律，坚定理想信念，牢固树立共产主义远大理想和中国特色社会主义共同理想。要勤奋学习、善于学习，不断掌握新情况、学习新知识，跟上时代的步伐，更好地肩负起时代责任。要通过学习自然科学、社会科学的各种理论、知识和方法，开阔眼界、丰富内心，寻找真理、掌握方法，在这个过程中实现自我净化和提升。

推进共同富裕、建设美好生活是一个持续不断的过程，因此美德健康生活方式的倡树也是一个循序渐进、逐步生发、扩展到全社会的过程。这就要求我们，必须着眼长远、立足当下，从建设现代化强国、实现中华民族伟大复兴的长周期来谋划推进，更好地建设新时代文化，促进满足人民文化需求和增强人民精神力量相统一。

四、新时代美德健康生活方式的物质文化基础条件

山东是著名的“孔孟之乡”“礼仪之邦”，有着深厚的历史文化基础。同时，作为全国经济大省，我们有着稳定、均衡、持续的物质基础。近年来，在习近平新时代中国特色社会主义思想的科学指引下，山东经济社会发展各方面取得了突出成就。新时代齐鲁儿女对美好生活热切向往，对全面建设新时代社会主义现代化强省、实现共同富裕充满热情和干劲。深厚的文化积淀，稳中向好的经济形势，一亿多山东儿女对美好生活的期盼，使得山东具备倡树和践行美德健康生活方式的物质基础、人文土壤和基本条件。

（一）深厚的文化根脉

山东是儒家文化的发源地，是中华文明的重要发祥地之一，具

有深厚的文化根脉。以“仁”为内核的价值取向，以“忠”为标志的爱国情怀，以“义”为特征的做人品格，积淀形成了山东人民忠诚爱国、敦厚淳朴、坚忍不拔、勤劳勇敢的鲜明个性。齐鲁文化继承了家国情怀的优秀传统文化，经过革命战争的洗礼和考验，熔铸为一种既有历史渊源、优秀传统，又有鲜明时代特点、地域特色的人文精神。山东是名副其实的文化大省，且正向着文化强省的目标迈进。

山东以“一山一水一圣人”享誉全国。“一山一水一圣人”相传为清末山东利津籍廉吏岳镇南所言，是他在主持湖南学政时，与出生于“千山千水千才子”的江南形胜之地的同僚们逗趣时脱口而出，这充分体现了岳镇南作为山东人的自信和底气。“一山”是指泰山。泰山素有“五岳之首”“天下第一山”之美誉。在中华文明5000多年的历史长河中，由于历代帝王封禅和民众朝拜，给泰山遗留下极为丰富的人文景观，使泰山成为华夏文化的缩影。“一水”当指黄河。九曲黄河在山东入海，润泽了齐鲁大地，哺育了齐鲁儿女，孕育和见证了辉煌灿烂的齐鲁文化，塑造了山东人的精神品格。山东省在推动黄河流域生态保护和高质量发展方面更是走在了全国前列。“一圣人”是指孔子。孔子是中国古代最伟大的思想家、政治家、教育家，儒家学派的创始人。他一生修《诗》《书》，定《礼》《乐》，序《周易》，作《春秋》，倡导仁政，创办私学，提出“有教无类”，其思想对中国和世界都产生了深远影响。

孔子和儒家文化是山东在文化资源和文化建设上独有的优势。儒学是中国传统文化的主干，长期居于主导地位。习近平总书记指出："研究孔子、研究儒学，是认识中国人的民族特性、认识当今中国人精神世界历史来由的一个重要途径。"世界儒学看中国，中国儒学看山东。"天人合一""大道之行"的哲学理念，"为政以德""仁民爱物"的治政思想，"修齐治平""经世致用"的家国情怀，"刚健有为""革故鼎新"的进取精神，"和而不同""协和万邦"的和谐观念……共同构成了儒家文化的精神内涵。儒学在山东有着广泛而深厚的社会基础，影响了一代又一代山东人的性格。比如，山东人淳朴厚道，与人为善，任劳任怨，顾大局，重实干。

早在史前时代，当今山东地区就是文化最发达的区域之一，从北辛文化到大汶口文化、龙山文化，再到岳石文化，自成序列；春秋战国时期，齐鲁地区曾为中国早期文明发展的重心，儒学在鲁国产生，诸子百家争鸣在齐国稷下学宫展开；秦汉以后，儒学被奉为官方学术和意识形态，齐鲁作为儒家思想的发源地，被称为人文圣地和礼仪之邦。

除孔子和儒家思想外，齐鲁大地还诞生了墨家鼻祖墨子、兵圣孙子、工圣鲁班、医圣扁鹊、书圣王羲之等众多圣贤，孕育了墨家文化、工匠文化、兵家文化等。另外，齐文化、黄河文化、泰山文化、海洋文化、运河文化等也源远流长、底蕴深厚。这么多资源集中在一个省，在全国可以说是唯一的。齐鲁文化源远流长，博大精深，在中华文明形成和发展进程中具有特殊的历史地位，作出了独特的文化贡献，体现在坚守传统、继往开来的传承精神，变革图强、奋发有为的进取精神，崇德隆礼、尚仁爱民的人本精神，海纳百川、多元并蓄的兼容精神，维护统一、勇于担当的责任精神。

稷下学宫考古发掘现场　　图片来源：大众网

在革命战争年代，齐鲁大地更是红色文化的重要源泉。山东是具有光荣传统的著名革命老区。早在中国共产党成立之前，王尽美、邓恩铭等革命先驱就开始在山东传播马克思主义学说。抗日战争时期，山东更是华北地区持久抗战的一个重要战略支撑点。解放战争时期，鲁南战役、莱芜战役、孟良崮战役、济南战役等一系列胜利，揭开了战略决战的序幕。在那些艰苦卓绝的革命岁月中，齐鲁儿女作出了巨大牺牲，镌刻下了永久的历史记忆，留下了宝贵的精神财富。其中最为典型的就是沂蒙精神。沂蒙精神诞生于沂蒙老区、发展于齐鲁大地，有其特殊的历史背景和鲜明的精神特质，概括起来就是“党群同心、军民情深、水乳交融、生死与共”。

文化是一个地区最具特色的名片，是区域经济和社会发展最重要的支撑。推进文化自信自强，大力发展社会主义先进文化，才能为经济持续增强和社会发展创新提供强大的精神动力。山东厚重的文化根脉及其在中华文明发展中的特殊历史地位和巨大贡献，决定

山东省临沂市蒙阴县孟良崮战役战场遗址

图片来源：新华社

了在当代建设中国特色社会主义先进文化进程中，山东人要承担起历史赋予的重任，走在时代的前列。

（二）稳定、均衡、持续的物质基础

山东省在倡树美德健康生活方式方面有稳定、均衡、持续的物质基础。山东省是我国重要的工业基地和北方地区经济发展的战略支点，是经济大省、农业大省、工业大省。全省地区生产总值连续跨上三个万亿大台阶，2022 年达到 8.74 万亿元，稳居全国第三。经济保持稳中向好、进中提质的发展态势，全面步入高质量发展轨道。

在物质基础层面，山东已经形成了若干优势。

第一，山东产业齐全，一、二、三产业齐头并进，实力不俗。2020 年，山东农业总产值率先突破 1 万亿元。寿光蔬菜、金乡大蒜、章丘大葱、沾化冬枣、栖霞苹果……越来越多山东农产品品牌家喻户晓。在抗击新冠肺炎疫情中，山东总是将最新鲜的蔬菜第一时间送至最急需的地方，这源自山东作为农业大省的底气。在工业方面，一直以来，山东都是全国工业门类最齐全、结构最合理的省份之一，拥有全部 41 个工业大类，在全国工业和制造业版图中举足轻重。第三产业产值比重持续提高，由 2010 年的 37.7% 增至 2022 年的 52.8%。

第二，山东省供需两端可以协同发力。山东是全国唯一的常住人口、户籍人口双过亿的省份，具有强大的市场需求，同时全省“四上”企业超过 9 万家，各类企业比翼齐飞，国有、民营、外资企业发展势头都不错，可以实现需求牵引供给、供给创造需求的良性循环。

第三，山东正深化新旧动能转换，努力推动绿色低碳高质量发展。2018 年，国务院批复设立山东新旧动能转换综合试验区，山东成为全国第一个以新旧动能转换为主题的综合试验区。2022 年国务院印发《关于支持山东深化新旧动能转换、推动绿色低碳高质量发展的意见》，再赋予山东深化新旧动能转换、推动绿色低碳高质量发展的重大历史使命。相比 5 年前，山东省落后动能加速淘汰，压减钢铁产能占全国 12%，万元 GDP 能耗下降 18.4%。传统动能提档升级，实施 500 万元以上工业技改项目 6.7 万个，一批重大工程支撑强劲。新动能不断壮大，一批关键核心技术实现突破，高技术制造业增加值年均增长 10%，“四新”经济增加值占比提高 10 个百分点，数字经济规模增长 40% 以上，高新技术企业突破 2 万家。实体经济根基更加巩固，发展基础更加坚实。

第四，山东陆海资源得天独厚，可以统筹开发。山东陆地和海域面积基本相当，发展海洋经济潜力巨大，当前山东正深入实施海洋强省建设行动，加快打造全国海洋经济引领区，现代海洋产业体系更加完善，海洋经济规模持续扩大。2022 年，山东的海洋生产总值实现 1.6 万亿元，海洋经济总量稳居全国第二。

第五，山东具有四通八达的交通运输体系。山东传统基建实力强劲，从综合立体交通网建设来看，截至 2022 年底，山东全省高速铁路运营里程达到 2446 公里，居全国第二位，形成"两纵两横"环鲁高速铁路骨架网；全省高速公路通车里程达到 8048 公里，六车道以上占比提升到 32.8%。2020 年山东已实现"县县通高速"。截至 2022 年底，山东通用机场达到 16 个，其中民用运输机场 10 个。四通八达的交通网络为物流运输打下基础，山东已是名副其实的运输大省。据统计，2022 年，全省综合交通累计完成客运量 1.86 亿人次、货运量 33.2 亿吨；公路货

济南遥墙机场改扩建效果图　　　　图片来源：大众网

运量居全国第一位；沿海港口吞吐量跃居全国第一位；铁路货运量完成 3.34 亿吨，同比增长 10.1%；新开国际航空货运航线 11 条、累计开通 35 条；内河港口完成货物吞吐量 8397 万吨，增长 27.5%。2022 年，山东成为全国首个部省共建的交通强国省域示范区，“人畅其行、物畅其流”的金字招牌越擦越亮。

第六，山东城乡区域发展比较平衡。山东近年着力解决发展不平衡不充分问题，自觉主动缩小城乡、区域和收入差距，坚定不移保障和改善民生，努力打造乡村振兴齐鲁样板，推动城乡区域向着更高水平、更高质量不断发展。“十三五”期间，山东常住人口城镇化率由 57.01% 提高到 63.05%，年均提高 1.2 个百分点，城镇化稳步迈向高质量发展阶段。城乡居民收入比缩小到 2.26，低于全国 2.50 的平均水平。黄河重大国家战略扎实推进，济南新旧动能转换起步区建设全面展开，青岛西海岸新区建设成效显著。2022 年，济南、青岛地区生产总值达到 26948.3 亿元，占全省 30.8%。“一群两心三圈”格局加速形成，济南、青岛引领力不断增强，大中小城市发展相对均衡。

第七，山东改革不断深化。山东改革已经由重点突破向系统集成转变，扩权强县、国资国企、财税金融、公共卫生应急管理、要素市场化配置等改革成效显著，省市县党政机构改革、事业单位改革顺利完成。营商环境全面优化，整体水平位列全国第一方阵。“十三五”期间，市场主体增长 92.8%，达到 1360 多万户，其中民营占比 98.8%。

第八，山东对外开放不断提档升级。全省外贸进出口额从

2012年的1.5万亿元增加到2022年的3.33万亿元，经过10余年的发展，全省外贸规模增加了1.22倍。实际使用外资占全国份额也从10余年前的4.8%升至现在的12.4%。随着自贸试验区、上合示范区相继获批，区域自贸协定（RCEP）在山东开展试点示范，山东对外开放不断提档升级。

山东的这些优势特色在为高质量发展提供底气、信心的同时，也为倡树美德健康生活方式奠定了雄厚的物质基础。

（三）深耕不辍的精神文明建设

人无精神不立，国无精神不强。习近平总书记对精神文明建设高度重视，在党的二十大报告中指出："中国式现代化是物质文明和精神文明相协调的现代化。物质富足、精神富有是社会主义现代化的根本要求。物质贫困不是社会主义，精神贫乏也不是社会主义。"他指出，我们在不断厚植现代化物质基础的同时，也要"大力发展社会主义先进文化，加强理想信念教育，传承中华文明，促进物的全面丰富和人的全面发展"。改革开放以来，特别是党的十八大以来，山东省始终把精神文明建设放在"五位一体"总体布局中，大力加强思想道德建设，形成了深耕不辍的良好发展局面。

山东是儒家文化的发源地，素有"孔孟之乡，礼仪之邦"的美誉，人文底蕴深厚，文化资源丰富。这为山东的精神文明建设提供了丰沃的文化土壤。近年来，在习近平新时代中国特色社会主义思想的科学指引下，山东省精神文明建设工作牢牢把握"走在前、开新局"的目标定位，紧紧围绕大局，高举旗帜、凝心聚力，守正创新、砥砺奋进，为新时代社会主义现代化强省建设凝聚起了强大精神力量。在2020年疫情防控吃紧的关键阶段，按照中央文明办部署，山东各级迅速发出倡议，号召广大志愿者、志愿服务组织积极参与疫情防控知识宣传普及工作和相关辅助工作。一个个讲科学防治、传权威资讯、做心理辅导、解生产难题的志愿服务项目在全省广泛开展。全省约有8.3万个志愿服务组织、282万名志愿者活跃在疫情防控战场上。不仅仅是疫情防控的战场，在脱贫攻坚的战场上，山东志愿者队伍也是不断壮大，服务活动蓬勃开展，一个又一个志愿者挺身而出，为脱贫攻坚贡献自己的力量。

提升文明素养，培育一代新风，这种努力体现在方方面面。比如在勤俭节约上，党政机关率先垂范，潍坊市级机关食堂开展“光盘行动”，把切下的菜梗、菜根等边角料加工成咸菜，不浪费一点余料。全省各地餐饮企业推出“小份菜”“半份菜”，服务员适时提醒顾客适量点餐、理性消费，消费者量力而行、主动打包，“节约粮食”的理念深入人心。

在新时代的奋斗历程中，厚道山东人中不断涌现道德模范，通过彰显对道德模范的尊崇，引领全社会崇德向善。这里面有“最美奋斗者”朱彦夫、“排爆英雄”张保国、乡村振兴的“领头雁”王传喜等。第八届全国道德模范评选中，山东省有10人入选。

近年来，山东文明城市创建工作水平不断提升，逐步迈向常态化。各市在“创城”中，治理体系逐渐完善、治理能力日益增强、历史文脉得到延续、公共服务更加便捷、生活环境愈发美丽。目前，全省16市全部出台《文明行为促进条例》，14个地级市被评为全国文明城市，全省文明城市年度测评群众满意度达 98.8%。

文明创建为城市赋能的同时，也让乡村旧貌换新颜。天价彩礼、厚葬薄养等陈规陋俗曾让人苦不堪言。山东省文明办利用春节、清明等传统节点，面向全省发起文明过节倡议，经网站、微信、客户端等广为传播，成为热点。各地引导红白理事会、道德评议会等自治组织发力，细化村规民约。同时，山东将移风易俗与文明创建结合，加大了考核监督力度。山东的城乡精神文明建设水平走在全国前列。

总之，可以说，山东有基础、有条件、有优势、更有责任按照总书记重要指示要求，以美德引领时尚，以古风厚植新风，让每个山东人都成为传播中华美德、中华文化的主体，用美德健康生活方式引领建设新时代美好山东。

第二编

新时代美德健康生活方式是什么

中华文明源远流长、博大精深，造就了以儒家学说为根本，融合道、释等诸家学说的中华传统文化，对个人的基本道德规范和基于这些道德规范的行为习惯、社会风尚、精神价值产生了深远影响。在 5000 多年文明发展史中，中国文化立足回答和解决人与自然、人与人（社会）、人与自我的关系。这既是哲学根本问题，也是社会实践问题；既是个人问题，也是社会问题；既是中国问题，更是人类问题；既是当下问题，更是持久问题。

党的十八大以来，以习近平同志为核心的党中央坚持“两个结合”，推动中华优秀传统文化同社会主义社会相适应，鲜明提出了人与自然生命共同体、中华民族共同体、地球生命共同体、人类命运共同体等一系列重大原创性思想。这一系列共同体理念，是习近平新时代中国特色社会主义思想的巨大原创性贡献，为我们更好理解和把握人与自然、人与人（社会）、人与自我的关系提供了根本遵循。以习近平总书记的共同体理念为指引，深刻汲取中华优秀传统文化的思想精华，立足新时代美德山东建设实际，我们提出美德健康生活方式的基本内容，需从五个生活方面入手。

一、个人生活："自律助人"的立身之道

传统儒家有"自天子以至于庶人，一是皆以修身为本"的重要提法。修身的关键在自律，其落脚点则在人际关系的打理，这其中最突出的一条就是助人。传统儒家的慎独慎微意识，堪称修身自律的内功心法，值得当代人深刻借鉴。以助人为核心，在社会关系与文化生活中贯彻自律修为，塑造文明优雅的行为修养，追求积极健康的生活情趣，是美德健康生活方式的重要构成部分。

（一）坚守慎独慎微的自律意识

从中华传统文化看，中国人的道德观，首先要回答和解决的是"本我"的建设问题，这就需要回答怎么看待宇宙、世界、社会这个根本问题。习近平总书记的共同体理念告诉我们，人与社会、世界、宇宙不是割裂的，而是相互联系、有机包容于一个整体。由于我们生产生活于这样一个共同体之中，"本我"的存在，本身既具有独立存在性，更在其存在之前、之中、之后，又都具有共同体客观属性。

中国文化的道德观，就承认这种客观属性，并从"本我"来自觉维护这个共同体，以实现共同体对人人的生态平衡。像庄子提出"天地与我并生，而万物与我为一"，张载主张把天地人看成一个伦理共同体，"民，吾同胞；物，吾与也"。因此，中国人的道德观，首先突出"本我"要格物致知、诚心正意、修身齐家，做到这些才有可能立足于共同体，生存于社会，才能治国平天下。所有这一切

对“本我”的要求，概括为一个词就是“自律”：自己约束自己，自己规范自己，使这个“本我”转变为共同体中的“自我”。

从马克思主义理论与实践来看，马克思主义者倡导通过共产主义劳动，来达到共产主义理想社会。这样的理想社会，就是人人都自觉自愿地为别人的需要而劳动，就是为共同体的人人需要而劳动。由此延展开来，就存在一个为别人的需要、共同体的需要，而自觉自愿的自律道德。

中国共产党从诞生之日起，就以“为中国人民谋幸福，为中华民族谋复兴”为初心使命。“为人民”写在了每名共产党人的道德情操上。而实现这一切，根本前提在于自我革命，严于律己。早在延安时期，毛主席就提出共产党人要做“一个高尚的人，一个纯粹的人，一个有道德的人，一个脱离了低级趣味的人，一个有益于人民的人”。习近平总书记指出，“自觉自律是人向上向善的内在动力”，强调党员干部要树立六种意识，其中之一就是自省意识。总书记讲为党育人、为国育才，有人不明白为什么讲为党育人、为什么讲立德树人，其实，就是要求我们培养有道德的人，这样才能在考虑他人、考虑社会、考虑自然、考虑人类中修身律己，做人成人。

从自律与自由的关系看，“自律”是不是“自由”的天敌呢？习惯上，人们把“自由”解释为个体或群体追求一切欲望的意识、主张、思想和行为。近代以来工业文明所产生的工业文化或工业道德，讲的“自由”基本是这个意思。

马克思认为，“只有在共同体中，个人才能获得全面发展其才能的手段。也就是说，只有在共同体中才有个人的自由”。显然，自律并不是不要自由，而是懂得与共同体共存这个人类共同基本认知前提下的自由；不是消灭自由，而是把“本我”中原始的、低等动物的物质性欲望，通过人类共同道德价值约束，在人类命运共同体中实现“自我”的自由。

就自律和创新的关系看，有自律是不是就无创新了呢？我们认为要把握好两点：一是自律不是压抑束缚自己。自律是顺应规律的自我反省，目的是在人与自然、人与社会、人与国家、人与民族等共同体中，找准人生定位和价值追求，让自己身心变得安稳祥和，实现健康的生活。二是自律不是压制限制创新。自律是限制过度的索取和贪欲，在道德和行为上规范约束自己。而创新是在思想上、意识上、行动上进行主动创造。自律和创新都是从思想到意识到行动的过程，但根本不同在于衡量创新的本质不是道德而是前所未有。任何有价值观取向的个人或组织都可以创新，创新成果也可以为任何个人或组织所使用。

自律和创新不是一个维度内的一对相关关系，但如果把二者混在一起讨论，就很容易成为相互矛盾的价值观彼此攻击的武器。比如，从共同体出发的价值观认为，任何创新必须有利于构建共同体向上向善的生态，服从服务共同体的整体利益；而从极端个人主义出发的价值观，虽然也可以做到极端自律，也可以进行创新创造，但归根到底是为极端个人主义服务的，本质上是反人类的。

认为自律会压制创新，实际上是不想为共同体负责和服务，历史上一切有利于人类生存发展的创新创造都无不有力证明了这一点。比如“两弹一星”的研制，钱三强、王淦昌、郭永怀、邓稼先、程开甲、朱光亚、于敏等这些“国之栋梁”，他们隐姓埋名、以身许国，在自律中彰显了崇高道德，在创新中为国家安全作出了重大贡献，为我们树起了榜样。

由此，可以得出关于自律的三个基本结论：其一，自律是中华优秀传统文化的精髓，是马克思主义自身建设的要义，是革命文化、社会主义先进文化中道德建设的核心，是践行社会主义核心价值观的根基。懂得了自律，个人就可以管控自己的过度物质欲望，使欲望与自己身心相适应，使心理与道德精神相匹配，在换位思考、将心比心中，更有品质地生存生活于共同体中。由于自律的存在，“自我”就可能进入一个尊重别人、敬重社会、敬畏自然的良性循环之中，这是美德健康生活方式的根基，没有自律，一切都立不住。其二，自律不是某个时期达到一辈子享用的，更不是一次达到事事享用的，而是体现在人生的时时、处处、事事。其三，自律是中国人的道德观。人类走到今天，已然是一个命运共同体。任何一个共同体，要想持久生存、发展，必然得走自律之路。这是中外拥有大智慧的政治家、思想家和社会活动家的共识。

如何做到自律？传统中国士人的“慎独”功夫，颇有值得借鉴之处。总的来看，传统文化中的“慎独”有两种内涵。“慎独”的第一种内涵，指向的是“知而不行”问题，所参照的是作为社会共识的现成之“知”。在一个拥有相对完整而稳固的传统共识的社会中，知而不行问题通常会被视为败坏社会风气与社会秩序的根源。为此，要求社会成员自觉主动地向既有社会共识靠拢。这种意义上的“慎独”，要求社会成员在独处或闲居之际不放松对社会共识的服膺，从而最大限度地操练自己践行社会共识的品格，对于承平时期的社会风气与社会秩序的维护显然具有积极意义。“慎独”的第二种内涵，指向的是知识理解问题，即如何获取适切处境的应然之知。这个问题之所以重要，一方面是因为社会共识意义上的应然之知在实践中存在需要不断克服教条化问题，另一方面是因为社会在不断发展，既有的社会共识需要随社会发展进行相应调整，这在社会变革、社会转型期更是这样。在这两个方面，社会成员都需在既定教条或共识之外，另有鲜活的应然之知获取渠道。向现成共识靠拢意义上的“慎独”，因而被发展为体察内在向导指引的“率性”意义上的“慎独”。这后一种意义上的“慎独”，所面对的不再是作为社会共识的现成应然之知，而是在处境中即时出现的内在向导指引。由于这种指引具有处境化、即时化的特征，社会成员凭借对内在向导指引的体察，便可不断摆脱教条化束缚，而不断谋求新的、更适切社会发展形势的应然之知共识。当今国人慎独慎微的自律意识的构建与培养，应该将上述两种“慎独”意识有机结合起来。

（二）塑造文明优雅的行为修养

将慎独慎微的自律意识应用于个人生活，其成果体现就是塑造文明优雅的行为修养。何为文明优雅的行为修养，在很大程度上要以社会共识为标准来衡量。总的来看，作为社会共识的文明优雅的行为修养的标准包括公德与私德两大方面。党的二十大报告指出，要“以社会主义核心价值观为引领”“广泛践行社会主义核心价值

“坚守公益路，传播向善正能量”。山东省“最美志愿者”纪磊，14 年来坚持从事公益活动，热心帮助困难人士

图片来源：临沂市委宣传部提供

观”“实施公民道德建设工程”。社会主义核心价值观中的“爱国、敬业、诚信、友善”四条目，应该成为一个人在公德方面应具备的文明优雅的行为修养标准。私德层面的文明优雅的行为修养更为细腻，这里，我们主要列举“孝慈”“勤学”两条，它们分别对应着家庭内部伦理、个人精进渠道。在此有必要指出的是，这些林林总总的公私德条目无不是在广义的人际关系中应用的，成人之美的“助人”精神贯穿其中。

从中华传统文化道德观来讲，中华传统美德历来提倡助人为乐、成人达己。孔子说“己欲立而立人，己欲达而达人”，孟子讲“助人者，人恒助之”。在传统文化中，天地人和谐共生，人与人之间具有天然的亲密关系，助人是天经地义的事情，作为君子仁人应有赞天地之化育的职责，其中就包含对他人的无私帮助。

从马克思主义道德观来讲，马克思主义认为人的本质是一切社会关系的总和，这就注定了人与人需要相互帮助、相互协作，形成巨大的物质力量。从自然人性上说，每一个人的心底，都有一颗助人的种子。人类社会制度，就是将这一助人的人性种子，通过施以土壤、阳光、空气和水肥等的设计、安排，让它萌发，成长于共同体之中。

从社会主义道德观来讲，社会主义的本质要求是全体人民共同富裕，蕴含着集体主义的道德原则，其外在表现就是助人。在社会公共生活中，每个人都会遇到困难和问题，总有需要他人帮助和关心的时候。因此，倡导助人为乐精神，是社会主义道德建设在社会公共生活领域的体现，也是社会主义道德观的基本要求。

综上所述，自律助人是美德健康生活方式的根基和土壤，培植每一个人的自律之德、助人之德，是践行社会主义核心价值观的根本。中国字“人”，就很好诠释了这个道理。“人”字一撇是自己，修身自律才立得住；一捺是助人，帮助别人才能撑起自己，真正成为一个“人”。

1. 爱国

爱国主义本质上是以集体主义为核心的互助精神。爱国主义是中华民族古往今来的重要传统，既有深刻的精神内涵，亦对应着相应的行为修养。爱国主义揭示了个人对祖国的依存关系，是人们对自己家园以及民族和文化的归属感、认同感、尊严感与荣誉感的统一，集中表现为民族自尊心和民族自信心，为保卫祖国和争取祖国的独立富强而献身的奋斗精神。我们都读过清朝末年革命志士林觉民在 1911 年 4 月 24 日晚写给妻子陈意映的绝笔信《与妻书》。在这封信中，林觉民深情告白：自从遇见爱妻陈意映，便常愿天下有情人都成眷属；但当时的国家局势却是遍地腥云，满街狼犬，天下有情人难有称心快意的小确幸；所以林觉民决定发扬“老吾老，以及人之老；幼吾幼，以及人之幼”的仁者精神，牺牲自己和妻子

东营市东营区牛庄镇中心小学开展“童心永向党 永远跟党走”主题活动

图片来源：东营市委宣传部提供

的幸福，为天下人谋永福。这一事例，生动展示了爱国主义的助人和互助实质。

中华民族早自先秦时期就已经初步形成了爱国主义精神，其后历经汉唐、宋至清、晚清近代几个阶段，在近代以来反抗民族压迫、反抗外国侵略的历程的推动下，进入了谋求独立自强与民族复兴的崭新时期。在全球新冠疫情肆虐的情况下，中国实施卓有成效且举世瞩目的疫情防控持久战，维护了最广大人民群众的生命财产安全，迸发出强大的团结奋斗精神。毫无疑问，这里面贯穿着“老吾老，以及人之老；幼吾幼，以及人之幼”的助人精神，贯穿着舍大家顾大家、为大局自谨行的家国情怀，是爱国主义精神的生动写照。

2. 敬业

敬业与社会分工息息相关，职业除了作为个人谋生手段之外，也是人与人之间组成社会共同体的基础方式，而社会共同体的本质

驯服“洋设备”的“土专家”。中国铁路济南局集团有限公司济南西车辆段济南设备车间维修电工龚祥庆在机床岗位上刻苦钻研、主动创新，用实干践行初心

图片来源：大众网

正是人与人之间的互助。中华传统文化中本来就有敬业和敬事的概念，在《论语》中，孔子曾将“敬”与“事”联系起来，提倡“敬事而信”“执事敬”“事思敬”。作为职业道德的敬事，用词实际上是非常重的。在周代文化传统中，“敬”与“德”连用可谓最高配置，“敬德”可以“配天”，“敬德”方可“配天”。在敬事的基础上，《礼记·学记》提出了敬业的概念，提倡“敬业乐群”，体现了对“事”“业”的社会属性、人际属性的温情脉脉的自觉认识和重视。正是在这个意义上，传统敬业精神已超越了个人欲望和野心驱动的工作状态，而是将敬业作为构建社会和谐的重要一环。

现代敬业概念，明确地将敬业与劳动联系在一起，强调热爱本职和忠于职守的劳动态度。现代敬业精神无疑是建立在系统性社会职业分工基础上的，各业务领域、各工种、各劳动者之间存在着深刻的建制性依赖关系，就此而言，敬业在本质上蕴含着助人与互助精神。马克思主义学者在进一步反对“异化劳动”的语境下，将敬业与人的自我发展与自我享受联系起来，在更高的形式上复归了传统敬事 / 敬业精神的超越旨趣。就此而言，社会主义核心价值观中的“敬业”，在一定程度上具有“在本职工作中安身立命”的意味，并且这种个人性的安身立命从本质上是与社会协作密切相关的。

3. 诚信

在“国家—社会—个人”这一有机统一体中，诚信不仅关乎国民道德素质，更关涉社会和谐与国家形象，是促进个体向善、协调人际交往、规范社会秩序的美好德性与价值准则。诚实，即忠诚老实，就是忠于事物的本来面貌，不隐瞒自己的真实思想，不掩饰自己的真实感情，不说谎，不作假，不为不可告人的目的而欺瞒别人，言如所思、行如所言，是心诚、言诚与行诚的统一。守信，就是讲信用、讲信誉，信守承诺，忠实于自己承担的义务。二者是分而二、合为一的辩证统一体，有着内在的逻辑关系。诚实是指内诚于心，是一种心理活动，是人的内在的道德、品质、修养。守信则注重的是外信于人，是一种行为活动，表现为人与人之间的伦理关怀。诚实是守信内化的德行与修为，是守信的基础。而守信则是诚实的外化行为表现，是诚实的判断依据和标准。诚实与守信的统一体现了个人的德性品质。

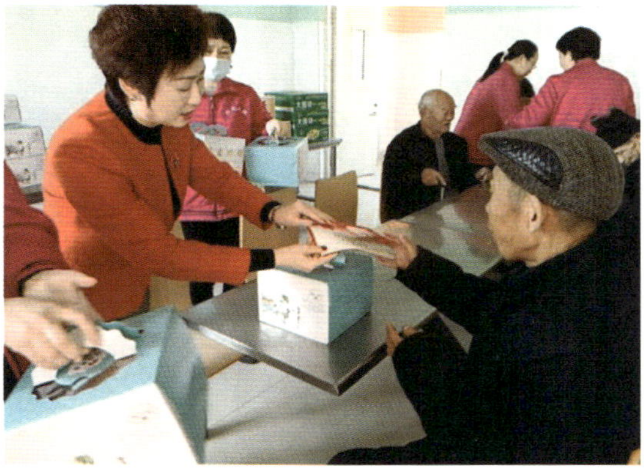

阳光大姐尹秀菊用“诚信”编织创业梦，打造出公司的文化内涵体系

图片来源：济南市委宣传部提供

诚信是个人在人际、在社会上立身处事的基础修养。个人之所以能持之以恒地做到有诚信，从根本上讲是因为他的内心谋划总体

上是旨在与他所交往的人、他所在的社会共赢。反言之，一个处心积虑的损人利己者，无论如何都是做不到对他人、对社会讲诚信的，这样的人势必担心其自私自利的谋划为人所知、为人识破、遭到抑制。所以说，要想拥有诚信这种修养，一个人需要持之以恒地检讨自己的“三观”，审视自己达成所求目标的策略和手段，不断将其中有损有害于他人和社会的因素剔除或作转化处理。这其实也是传统儒家“吾日三省吾身”的重要内涵。从积极的角度说，一个人如果总是谋求与人共赢乃至乐于助人，那么，他在面对他人和社会的时候，就不必躲躲闪闪或出尔反尔，自然而然地做到诚信待人。

4. 友善

友善的基本含义是：尊重人，发自内心关爱人，应人之需付诸善行，举手投足合乎人们普遍性道德期待。传统友善是伦理之德，主要针对“兄弟”伦理关系，以“等差之爱”伦理关系中被定位为“友”的特定个体为对象。现代友善是道德之德，是对异质性个体的普遍性道德要求，主要针对与陌生人的关系，依循工具理性和规则理性，注重对外在规范的恪守。传统友善的现代转化即是由伦理之德转变为道德之德。就当下而言，不论对熟人还是对陌生人，都应该友善，且要发自内心。具体言之，在熟人圈内，传统友善依旧适用，但对陌生人则需个体培养换位思考、感同身受的移情能力。另外，基于公正原则，对熟人与陌生人的友善在程度上应有所差异。

友善是一种从内至外的善良意愿和行动。从消极角度说，居强势地位者拥有友善品质最重要，最起码的友善标准就是，不滥用自己的权威和力量。实际上，所有人都有必要注意消解自己内心的戾气，不任凭这种戾气发泄为外在行为，这应成为操练友善品质的日常功课。身处逆境或弱势地位的身边人及陌生社会成员，是我们最有必要通过提供力所能及的帮助表达友善的对象。通过助人表达友善往往会引起受助者积极而珍贵的情感和行为反馈，具有滋润世道人心的作用，既对友善者（施助者）是一种鼓舞，也会感染更多社会成员加入友善助人的行列之中。

5. 孝慈

孝是传统儒家文化的核心内容，千百年来一直作为伦理道德之本、行为规范之首而备受推崇。《论语》中有言“君子务本，本立而道生。孝弟也者，其为仁之本与”，孟子则说“仁之实，事亲是也”，《孝经·开宗明义章》说“孝，德之本也，教之所由生也”，均将孝视为道德的根本。可以说，孝亲是中华民族的传统美德和历来倡导的行为，也是先人们留给我们的宝贵精神财富。孝首先是家庭内部最基本的伦理修养，其本义就是子女要善于侍奉父母，要赡养、孝顺、孝敬父母。谁都无法否认，家庭是人生在世的起点性场域，也是贯穿大多数人一生之久的最基础、最重要人际关系之一。家庭的这种基础重要性，使其成为操练个体品格的第一所学校，也是

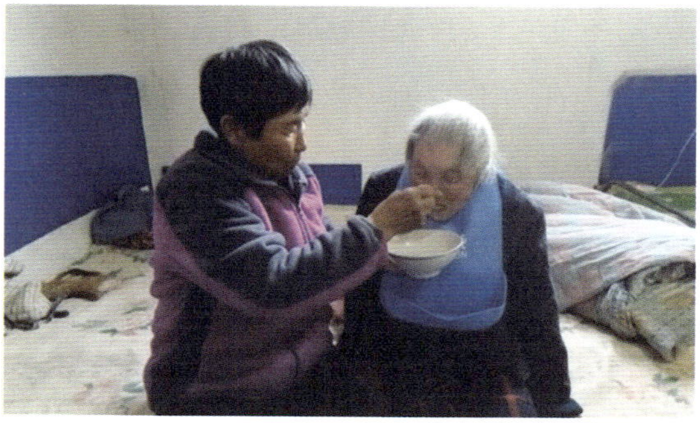

张荣菊二十四年如一日，对前夫母亲不离不弃、精心赡养，用善良书写了大爱

图片来源：中国文明网

终身学校。孝慈在家庭伦理当中分别对应着和父母（长辈）、子女（晚辈）相处的应然之道，个体在家庭中的相应修养加以抽象和推展便可应用于在公司、在单位和上下级的人际交往。这是中国儒家很早就认识到的现象和道理。

现代家庭和生活方式的转变和追求个人自由、权利意识的蔓延，使得孝亲观念越来越为人们所忽视，由此衍生出很多人伦关系失调、家庭关系紊乱等社会问题。尽管新文化运动以来，国人因为追求自由、平等，而对传统孝文化进行了无情的鞭挞，但我们不能因为它存在某种缺点就对它完全否定。对于这一点，孙中山先生在1924年谈道："一般醉心于新文化的人，便排斥旧道德，以为有了新文化，便可以不要旧道德，不知道我们固有的东西，如果是好的，当然是要保存，不好的才可以放弃。""讲到孝字，我们中国尤为特长，尤其比各国进步得多"，"所以孝字更是不能不要的"。在当代语境下，可以通过"以慈生孝""以孝促慈"的互动互生式的和谐伦理规范，促进双向的良性互动的亲子关系。简而言之，父母对子女做到"以慈养孝"，子女相对应也应力求实现"以孝养慈"。如此，在互敬、互爱、互尊、互重的基础上，重构起"慈孝共生"的和谐家庭伦理样态。

6. 勤学

选择学习就是选择进步，停止学习就是拒绝进步，放松学习就是放弃机遇。学习的进步，是一切进步的先导；学习的落后，是一切落后的根源。只有加强学习，真正把学习当成一种境界来追求、当成一种品格来培养、当成一种习惯来养成，才能树立科学的世界观、人生观、价值观和正确的地位观、权力观、利益观，自觉把人生道理悟透、把奋斗目标找准、把前进方向搞明。在学习方法上，一方面，要边学习边思考，把书上的东西变为自己的，把感性的东西变为理性的，把零散的东西变为系统的，把静止的东西变为动态的，把无关的东西变为相关的，力争在前人的认识基础上创新和超越。另一方面，要提高理论联系实际的能力，既要读好前人和今人的“有字之书”，又要读好社会实践这本“无字之书”，坚持不懈地向书本学、向实践学；坚持不懈地在工作中学习、在学习中工作，切实把学习成果转化为促进科学发展的措施、抓好工作落实的本领。当前，知识更新周期越来越快，新知识层出不穷。美国管理大师彼得·圣吉曾这样警告：一个人学习过的知识，如果每年不更新 7% 的话，那么这个人便无法适应社会的变化。学习已不再是人生中某一阶段的事，而是一种终身的需求。这就需要我们摒弃懈怠之性、功利之念、浮躁之气，以强烈的事业心和责任感对待学习，树立新的学习理念，变“要我学习”为“自主学习”，变“学习负担”为“学习乐趣”，变“阶段学习”为“终身学习”。

应当指出的是，学习同样是在人际关系中进行的。最常规的学习场合就是师生授受，这当然是一种人际关系。即使是个人自学，所借助的教材、书本、网络资源，无不具有社会人际属性。此外，为了解决疑惑、寻求灵感、验证所学，学习者自然需要进行必要的请教、交流、实践，这一切都是社会人际关系的组成部分。既然如此，上述种种德行便既是学习理解的重要内容，同时也是支撑学习关系、学习过程顺利进行的重要修养。如果考虑到学有所得、学有所成者的传道授业解惑功能或职责，可以说，学习归根结底乃是一项自助助人的公益事业。

（三）追求积极健康的生活情趣

公德、私德方面的自律反映了一个人立身处事的基本操守，这些操守带有一定的底线色彩和硬性要求（尽管较之法律要求相对宽松）。除此之外，美德健康生活方式还内在地要求一系列更丰富的积极情趣。这些更丰富、更生动的情趣和前述公私德操守共同构成了美德健康生活方式的整体。在此，我们主要从起居有常、体育锻炼、高雅文娱、有效社交四个方面，例示一下有益身心健康、精神境界、人际关系的生活情趣或模式。

1. 起居有常

随着人类社会的发展，“疲劳”已成为一种普遍的亚健康状态表述。各国统计显示，美国有21%~24%的患者以疲劳为主诉就诊，英国约有20%男性和25%女性常感疲劳，日本有30%以上处于慢性疲劳状态。此外，加拿大、澳大利亚、新西兰、西班牙、法国亦有类似报道。2011年，日本疲劳协会认为，疲劳是过度的躯体或精神活动导致能力和效率下降的状态。《自然》杂志亦曾发文指出，疲劳在神经学领域、精神病学等医学领域中存在，在健康人群中属于最常见的症状。毫无疑问，疲劳已经构成美德健康生活方式的大敌。中医古籍中对疲劳描述为“懈怠”“四肢疲劳”“四肢不欲动”等。《辞海》对“疲劳”的解释为：“持久或过度疲劳后造成身体不适和工作效率减退。”中医认为是先天禀赋不足或病后劳累失调损伤正气，劳累过度、情志失调及饮食不节致脏腑不合，气血失调。孙思邈提出：“五劳者，一曰志劳，二曰思劳，三曰心劳，四曰忧劳，五曰疲劳。”《内经》指出：“久视伤血，久行伤筋，久立伤骨。”随着现代生活节奏加快，各个行业竞争激烈，加上利益冲突、思想紧张、生活压力大等多种因素，很多人形成了熬夜、酗酒、抽烟、缺乏运动等不良生活习惯。《黄帝内经》云：“上古之人，其知道者，法于阴阳，和于术数，饮食有节，起居有常，不妄作劳，故能形与神俱，而尽终其天年，度百岁乃去。”可以说，对于疲劳问题，除了采取必要的医学治疗之外，培养起居有常的生活习惯，当是更为长远的治本之策。

东营市东营区辛店街道组织群众文化活动

图片来源：东营市委宣传部提供

起居有常并非对自由生活的一种束缚，与健康的生活情趣更不矛盾。实际上，起居有常的生活节奏，只有诉诸充满健康情趣的生活内容才能实现。试想，清晨即起，一方面承担必要的家务劳动，一方面梳理规划一天的生活事项，一方面进行必要的晨练。在这一天中，工作、体育锻炼、三餐、家务、娱乐，可以有条不紊地交替开展。由于内容安排合理，生活节奏不急不缓，一天当中该完成的事项及时办完，到了该就寝休息的时间，就既不会因当完而未完的工作焦虑，也不会因为这一天当中缺少了必要的社交、娱乐宣导而感到不尽兴。这样一来，当事人就可以平平静静地进入规律性的早眠状态，并为迎接新一天的到来打下基础。对比晚睡晚起、生活工作杂乱拖沓、缺乏必要锻炼、缺少必要社交和娱乐、充满焦虑的生活状态，上述起居有常的生活节奏本身就是一种值得向往的健康生活状态。

2. 体育锻炼

习近平总书记在党的二十大报告中指出，要“促进群众体育和竞技体育全面发展，加快建设体育强国”。作为实现人全面发展的直接动力，体育具有使人体魄健硕与精神愉悦的本质属性。新中国成立以来，历届国家领导人始终遵循马克思主义体育观的思想内核，从中国实际国情出发，形成了一系列符合中国国情的体育思想。

山东枣庄薛城区：共享太极 · 共享健康

图片来源：枣庄市委宣传部提供

毛泽东提出了“发展体育运动，增强人民体质”的全民体育思想，邓小平进一步强调了体育在“德、智、体全面发展”中的重要作用。在新的历史条件下，在中国快速崛起、由体育大国向体育强国迈进的征途上，习近平总书记继承和发展了新中国体育思想，高度重视体育发展。他强调体育具有维护民族团结、加强各国人民交流和促进国家间关系的政治功能，促进国民经济增长和优化经济结构的经济功能，丰富人民精神文化生活、提升国家文化软实力的文化功能，培养坚强意志品质、促进青少年健康、促进人的全面发展的教育功能，理应把体育发展提升到国家战略的高度。

体育锻炼对促进人体生长发育、强健体魄、提高机体工作能力、消除疲劳、调节情感、防治疾病乃至提高和改善整个民族体质，都有着重要作用。可以说，体育锻炼不仅能增强人的体魄，还可以调节心理活动，陶冶美好情操，培养顽强意志品质。影响体育锻炼持续性的因素分个人因素和环境因素两个方面。个人因素包括锻炼者对锻炼活动的自觉性、兴趣、动机、意识、自我激励等个体行为；环境因素主要涉及促进或阻碍体育锻炼者能有计划、有规律、持之以恒地进行体育锻炼等外部因素，包括家庭环境（如教育程度、消费理念、家人陪伴）、社会环境（场地、器材、锻炼群体）、物理环境（每周锻炼次数、强度、持续时间）。树立体育锻炼强身健体的理念，为自己创造便利运动的大小环境，发展1~2种适合自己的体育锻炼方式，制订阶段性体育运动计划（附以相应的自我奖励），是养成体育锻炼习惯的基本途径。

3. 高雅文娱

所谓“知之者不如好之者，好之者不如乐之者”是也。根据自然美和社会美两者的统一程度，高雅娱乐可大体分为高尚娱乐和一般娱乐。高尚娱乐是自然美与社会美两者和谐统一的娱乐，一般娱

在山东省济宁市鱼台县，美德健康工作室让文明新风吹入寻常百姓家

图片来源：济宁市委宣传部提供

乐则是这两者达到一定程度的统一，仅仅是着眼于正当的个人利益，以生理、安全、相爱、尊敬等需要为主要满足对象的娱乐行为。如游戏、猜谜、打扮等都属于一般娱乐。这两类娱乐都符合美学原理，都是人们所需要的，人们可用以调节生活情趣，解郁健身。无产阶级革命导师马克思在从事解放全人类的伟大事业的同时，也喜欢骑马、击剑、饲养小动物和种花草，还喜欢欣赏世界古典文学作品，并对巴尔扎克的《人间喜剧》很熟悉。恩格斯也喜欢骑马，认为骑马是“最好的体育娱乐”。常进行一般娱乐的人也要从事一些高尚娱乐以获得精神上的调节。山河风光、异国风情、古迹遗址，乃至花草树木、飞禽走兽的千姿百态，文学作品、文艺演出、音乐、书画及各种游戏等，皆可构成高雅娱乐的内容，从而有益于人的身心健康。总之，娱乐的目的是使人们进入一个美感的境界，这个美感的境界在一定意义上就是我们人生大海中的乐舟。

4. 以友辅仁

在人际关系中，朋友作为重要的交际对象，是日常生活的重要组成部分。关于朋友之道，《论语》为我们提供了鲜活而深刻的指引。孔子曾说：“有朋自远方来，不亦乐乎？”有朋友自远方而来，在孔子看来是件很快乐的事情。远方的朋友尚且前来，近处更不必说了。孔子之所以发出这种感慨，是因为他乐在其中，真心为此感到欢乐。正如孔子所说："益者三乐，损者三乐。乐节礼乐，乐道人之善，乐多贤友，益矣。乐骄乐，乐佚游，乐宴乐，损矣。"有三种快乐有益身心，除以礼乐自我调节外，宣扬朋友的好处会快乐，结交贤德的朋友也是一件快乐的事情。这种结交贤友带来的心灵的快乐，是兄弟众多都不能比拟的。因此当司马牛忧愁自己没有亲兄弟时，子夏劝他说："君子敬而无失，与人恭而有礼。四海之内，皆兄弟也。君子何患乎无兄弟也？"以上论述均向我们道出了朋友关系的可贵性与重要性。那么，我们应该结交什么样的朋友呢？这便是择友之道问题。

孔子曾说，"主忠信，毋友不如己者，过则勿惮改"。这意味着结交朋友应见贤思齐，见不贤退而自省，有错不忌讳改正，与这样的朋友相交，能做到日修己德，砥砺前进。进而言之，朋友之道还应该有助于追求大道。关于"友"字，古书上有"同师曰朋，同志曰友"之说。两个人为一个共同的奋斗目标携手并进，推心置腹，肝胆相照，自然能够建立起坚如磐石的友谊，共同成就一份事业，这样两个人也无愧于"朋友"二字了。"道不同，不相为谋"，"三观"不一致、人生追求不一致而长期做朋友，这是不可能的。更高一级的友情，不但能够互相切磋琢磨，共同追求真理，还能在"三观"和安身立命层面相互激励、相互支持。相反，"群居终日，言不及义，好行小慧"的交往模式，则会滋生放荡邪僻的心思，非但无益于修德进业，还给将来埋下祸根。最顶端的朋友层次是"可与权"，这不仅是朋友的最高层次，也是为人处世最顶端的智慧。孟子说，“执中无权，犹执一也”。刚强不屈、矢志不渝的人也是有的，他们即使处处碰壁也一往无前。但过犹不及，过刚易折，反而不美。“权”正是人生在世的灵活性所在，当然这种灵活性必须兼顾诚信、友善的基本德目。“可与权”的朋友，实乃推心置腹地探求不失原则的灵活处世智慧的人生妙友。交到朋友之后，我们还应该有一些原则和方法，帮助我们保持友谊历久而常新。这些原则与方法概括起来，就是以信相交、以直相待、宽容体谅。

在《论语》看来，交友的根本目的应该是以友辅仁。虽然世变时移，《论语》中的这些交友之道仍值得今人借鉴。今天的朋友关系，仅仅是一种自然而普通的社会关系，而不像封建时期被视为“五伦”之一。古代交友之道虽已失去了纲常礼教根基的地位，但其中蕴含的方法和原则却具有跨时代的适用性。这些交友之道教导我们，结交朋友应以砥砺道德为目的，为此，应谨慎地选择益友贤友，对待朋友应该尽心尽力推心置腹。

二、家庭生活：“孝老爱亲”的齐家之道

与现代社会以公民个体作为民事主体不同，家庭是社会的基本细胞，是民族共同体、人类命运共同体的基本单元，因而古代有“国之本在家”“天下之本在家”的说法。儒家是最注重家庭及其伦理的，这既与传统农耕社会的时代背景相关，也与儒家将家庭情感作为德性培育之起点的理论进路相关。当下的家庭规模、结构、生活方式与家

庭伦常较之传统社会有所改变，但家庭对于现代人的成长教育、人格养成以及社会风气的陶塑都具有举足轻重的作用。可以说，家庭是个人成长、教育的基点，是民族、国家复兴的关键，对此习近平总书记深刻指出："国家富强、民族复兴，最终要体现在千千万万个家庭都幸福美满上。千家万户都好，国家才能好，民族才能好。"

尽管环境在变化、时代在进步，但儒家思想里仍有部分有益的内容可以作为当下中国家庭教育、家风建设的积极借鉴。正如习近平总书记在《在会见第一届全国文明家庭代表时的讲话》中指出的："中华民族历来重视家庭。正所谓'天下之本在家'。尊老爱幼、妻贤夫安，母慈子孝、兄友弟恭，耕读传家、勤俭持家，知书达礼、遵纪守法，家和万事兴等中华民族传统家庭美德……是家庭文明建设的宝贵精神财富。""无论时代如何变化，无论经济社会如何发展，对一个社会来说，家庭的生活依托都不可替代，家庭的社会功能都不可替代，家庭的文明作用都不可替代。"

（一）尊老爱幼，维系家庭和谐

尊老爱幼是中华民族的优良传统，它既是个人素质高低的体现，也是一个民族文明程度的表征；对个人而言，它不仅是道德修养上的要求，也是每个人应尽的社会义务。尊老就是要尊敬、关心、照顾老人，让他们老有所养、老有所依、颐养天年；爱幼就是要关爱、呵护、抚养、教育那些弱小的儿童，让他们茁壮、健康成长。老人与儿童是社会中的弱势群体，一个仁爱与正义的社会必然要关爱弱势群体，给予他们温暖、维护他们的权益，在某种程度上这也是在保护我们自己的利益，因为每个人都有弱小无助、需要爱护之时，也有年老体弱、渴望帮扶的一天。在一个家庭里，老人曾是家里的顶梁柱，为维系生计、抚养教育子女付出巨大的心血，尊老不仅是因为老人在实践中积累了丰富的知识和经验而值得我们尊重、学习，更因为他们曾经的付出需要得到回报；而子女既是家族血脉的延续，也是家庭的希望、民族的栋梁与人类的未来，需要细心呵护。

在儒家看来，尊老爱幼与家庭内部的孝悌之道是相为表里的。在家庭里尊敬父母、友爱兄弟、呵护子女，往外推展的话就要尊重长辈、注重长幼有节，同时也会对别人的孩子抱有爱心，这就是孟子所谓的“老吾老，以及人之老；幼吾幼，以及人之幼”。而在社会上推崇尊老爱幼，本质上是要伸张“孝悌”的家庭伦理。据《礼记·乡饮酒义》载，在乡饮酒礼上，60 岁的老人坐于席上，50 岁的则需站在一旁陪侍，听候差遣；60 岁的面前陈设三豆（古代一种盛放食物的器具）食物、70 岁的陈设四豆、80 岁的陈设五豆、90 岁的则陈设六豆。老人们依照年龄各有不同待遇，越是年长越受尊崇，以此申明尊长、养老的价值取向来推行孝悌之道。“民知尊长养老，而后乃能入孝弟。民入孝弟，出尊长养老，而后成教，成教而后国可安也。”可以说，这一治国理念主要是依托于家庭亲情。当然，不可否认，古代社会敬老、尊齿乃至推行孝悌之道很大程度上是为了“教民顺”，使民“贵用命”，即构建并维护等级尊卑、长幼有别的社会秩序，同时也在某种程度上达成“老穷不匮，强不犯弱，众不暴寡”，即关爱弱势群体、互相尊重、彼此友爱的社会效果。

孝悌之道是儒家实现仁爱主张的根本途径。在《论语》中，有子说：“孝悌也者，其为仁之本与？”即将“孝”与“悌”看作践行“仁”的根本与起点。“孝”是子女对父母、长辈的恭敬之情与侍奉之义，具体包括养亲、敬亲、悦亲、谏亲与继承并努力完成父母的心愿几个方面；“悌”是敬爱、顺从兄长，广义上指兄弟姐妹之间的敬重与友爱。孟子以“亲亲”“敬长”为人的“良知”“良能”，所谓“良知”“良能”是说其为内在于己、先天而有、不需要学就会、不用思虑就能知道的道德本能。在某种意义上，儒家之道就是孝悌之道、仁义之道，因而孟子说：“尧舜之道，孝弟（悌）而已矣。”儒家主张“立爱自亲始”，即建基于“孝悌”这一自然、纯粹的血缘亲情并不断地往外推而扩之，最终实现“不独亲其亲，不独子其子”的“大同”社会。“爱”的情感由家庭依次扩展于家族、社会，甚至最终惠及我们所生存的自然世界，这就是孔子所说的“仁

梁山县新时代文明实践“孝老爱老十大模范”颁奖典礼

图片来源：济宁市委宣传部提供

者爱人”以及孟子所说的“亲亲而仁民，仁民而爱物”。

作为礼仪之邦，中国人对孝道的重视可谓源远流长。早在西周时期，“不孝不友”就被周公视为“元恶大憝”，即最不可饶恕的罪行，此后则有“罪莫大于不孝”“孝为百行之首”等说法。《孝经》认为“孝”具有天经地义的权威性与合理性，人当法天而行：对治国理政而言，“孝”为“德之本”，是教化的起点与重要依托；对个人而言，“孝”也是立身行事的首要法度。不管是天子、诸侯、卿、士，还是庶人，都应该力行孝道，从而使得“民用和睦，上下无怨”。因而自汉代以后，封建统治者开始以孝治国，“孝”成为衡量臣子品性的一个重要标准。东汉时期，韦彪在上书汉章帝时主张，“求忠臣必于孝子之门”，从此“孝”成为古代士人的首要德性，民间家训中也时常可见其踪影。如三国时王昶在其《家诫》中以“孝敬仁义”为“百行之首，行之而立，身之本”，南宋袁采在《袁氏世范》中谆谆教导子孙“人不可不孝”。而父母对于子女则负有抚养、教育的义务，主张“养子必教”、教子要有“义方”，大体来说，就是教之以孝悌忠信礼义廉耻之道，以此塑造孩子的健全人格。古人认为家教要尽早进行，甚至从孩子在娘胎里时就要注意引导，幼小时的蒙学教育对孩子的成长更是至关重要。这和习近平总书记所说的“家庭是人生的第一个课堂”一脉相通。

除亲子关系以外，家庭的稳定与兴旺也离不开兄弟姐妹之间的相亲相爱与长幼秩序，尤其是在追求“多子多福”的古代社会，兄弟之间的和谐关系相当重要。兄弟之间或许难免争吵不和甚至争权夺利，但在抵御外敌、维护家庭利益上则需要彼此同舟共济，如《诗经》所言："兄弟阋于墙，外御其侮。"当然，古代社会看重"悌"道，更多的是因为其尊敬兄长之情有利于维系乡里的长幼有序与政治伦理上的等级尊卑，所以孔子说"入则孝，出则悌"，《孝经》云"事兄悌，故顺可移于长"。

必须承认，尽管古代社会倡导"父慈子孝，兄友弟恭"，主张父子、兄弟相互之间的责任与义务，但在实际生活中更偏向于强调子女对父母、弟弟对哥哥的尊敬与顺从，甚至出现一些极端的愚孝现象。而在亲子关系中，儒家讲"孝"要多于"慈"、讲"敬"多于"亲"。这一趋向无疑与封建社会父权制宗法制度下"家国同构"的基本特征有关：血缘情感、家庭伦理在作为教育、教化之基点的同时，也承载着维系国家和谐稳定、社会森然有序的政治功能。因而不少近代知识分子，如陈独秀、吴虞、傅斯年等，对古代社会的家庭本位倾向与亲缘伦理颇有微词，认为传统儒家的家庭观一方面束缚家庭成员的个性发展、妨碍自由，另一方面又导致家、国之间的紧张关系，使得中国人多关注小家庭或者家族利益而缺乏公共精神与国家观念。时至当下，仍有部分学者谴责儒家思想容易因裙带关系而导致腐败，侵蚀法治空间。需要注意的是，在现代社会形态下，社会的基本单位是个体而非家庭，这是古今社会的一个巨大差异。

不过也应该看到，尽管近代以来儒家家庭伦理备受批判，但它也具有部分超越时代的价值：一方面客观上适应于生产力发展的现实需要，保障了人类种族的生存与繁衍；另一方面有利于维系家庭和睦与血缘亲情，符合认识与情感发展的基本规律。因而弘扬孝亲尊老、敬长爱幼的传统美德，有助于维持社会秩序，形成良好的社会道德风尚。当代西方国家在物质文明高度发达、法治相对健全的情况下，仍然出现犯罪率居高不下、亲情淡薄等问题，这与其推崇个人主义进而导致人与人之间的疏离有关。而儒家主张人是社会关系网络的一个节点，与他人具有千丝万缕的联系并享受应有的权利、承担相应的义务，这对于现代人安顿身心具有不可忽视的积极意义。大体来说，我们应该批判并抛弃传统家庭伦理的糟粕，弘扬其合理内涵。孙中山于 1924 年在《民族主义（第六讲）》中说："一般醉心于新文化的人，便排斥旧道德，以为有了新文化，便可以不要旧道德，不知道我们固有的东西，如果是好的，当然是要保存，不好的才可以放弃。""谈到孝字，我们中国尤为特长，尤其比各国进步得多"，"所以孝字更是不能不要的"。当然，时代在进步，相较于传统儒家的家庭伦理，现代家庭应该培养更为平等的亲子关系与温馨、快乐、宽松的家庭氛围，更多地承担起子女品德教育与人格塑造的功能。正如习近平总书记所言："帮助孩子扣好人生的第一粒扣子。"家庭要成为孩子成长的健康园地、恒久的心灵寄托与坚实的精神后盾。

（二）夫妻和敬，营造温馨港湾

男女关系是人类繁衍的基础、前提与人伦的起点。《周易·序卦》认为，"有天地然后有万物。有万物，然后有男女。有男女，然后有夫妇"，即先有男女，进而才有父子、君臣，有文明形态、人伦秩序。不过人类自脱离蒙昧的杂婚阶段以后，就力图对两性关系作出整体的安排。先秦儒家主张“男女有别”：一方面，男女先天在生理结构与心理状态上有所差别，因而两者在社会角色、职责分工上应各有侧重；另一方面，应当在生活空间与活动范围上对男女作出区隔，严男女之防，使其非“礼”不相授受、往来，以免造成血缘关系的混乱。其基本关系模式大体如《礼记·内则》所言，“男主女从”，“男主外，女主内”，即男性的主要活动范围是参与军事、政治、祭祀、外交等公事，而女子的活动则主要限于家门之内，即“主中馈”“生儿育女”“相夫教子”等。在两性关系中，先秦儒家主张以男性为主导，而女性则以顺从为美德。相对而言，传统文化尤其是儒家文化是父系家长制宗法社会的产物，女性及其文化则是被男权建构的对象。

自秦汉以降，随着“罢黜百家，独尊儒术”国策的推行，儒学逐渐成为封建王朝的意识形态，儒家的思想观念随着设置经学博士、兴办太学与郡县学校、举“孝廉”、派员巡行天下移风易俗等一系列举措渐次向社会普及、渗透。而在董仲舒所建构的融儒学与阴阳五行理论于一体的神学目的论体系中，男女关系被比附为阴阳关系——阳尊阴卑，故而男尊女卑，从而使得“夫为妻纲”得到天道的终极支持而成为不可移易的“真理”：在夫妻关系中，丈夫是起主导作用的，妻子只能辅助并受丈夫支配，甚至唯丈夫之命是从。其后刘向编撰《列女传》，明确提出女子不事二夫、从一而终的观点。至东汉，作为“国宪”的《白虎通义》将董仲舒的“三纲”之说发展为“三纲六纪”理论，进一步明确男女、夫妻之间的伦理要求：“夫者，扶也，以道扶接也；妇者，服也，以礼屈服也。”

东汉班昭甚至作《女诫》七篇倡导“三从四德”，强调妻子须以礼自持、以柔弱为用、恭下不争，在家操持家务、侍奉丈夫与公婆，委曲求全以迎合婆家其他成员，牺牲自己以保障家庭和谐。

受刘向启发，作为古代官方正史的二十四史，其十二部史书设立“列女传”条目，民间针对女性教育的女教书更是层出不穷。大体来说，在封建社会，时代越是晚近，对女子的道德束缚便越严苛。尤其是在宋代程朱理学之后，“饿死事小，失节事大”“女子无才便是德”等论调甚嚣尘上，戴在女子身上的枷锁越来越沉重。需要注意的是，在贞节观念最为严重的明清时期，随着商品经济的发展，部分女性性别意识蒙眬觉醒，开始表现出人格独立与以德立身的诉求，甚至追求某些方面的两性平权。当然，新中国成立以后，我们国家越来越重视女性的社会地位与价值，认为“妇女能顶半边天”，使得男女、夫妻关系越来越趋于平等。

从历史上看，女教书的创作、传播与男性不无关系，而男性之所以关注女性教育，一是受传统父权制社会结构的影响，以男权为中心规范并束缚女性行为，主张女性即便有德智才华，也只能作为“贤内助”辅助丈夫；二是受儒家思想的影响，认为治国平天下以齐家为前提，家庭和谐是社会稳定的基本环节之一。在此过程中，也有部分女性自觉接受、认同儒家的性别观念并且推波助澜，从而助长了古代社会对于女性的部分“制度性”压迫。在先秦儒家的基调里，夫妻关系既须“亲”，又须“敬”，因为在古代，男子娶妻是为绵延祖先血脉、承续祖先祭祀服务的，男子迎亲之时，父亲会告诉他：“往迎尔相，承我宗事。勖帅以敬先妣之嗣，若则有常。”

意为迎接“助手”来共同承担宗庙祭祀之事。婚姻的目的是要“合二姓之好，上以事宗庙，下以继后世”，即延续血缘、使得祖先祭祀不致断绝，男子之所以“敬妻”也是因为“妻也者，亲之主也”，即其具有传宗接代、助祭等功能。可见，儒家对于夫妻关系的认知具有父系宗法社会的特征。

必须承认，传统儒家“男主外，女主内”“男主女从”等角色、职业分工思想已经跟不上时代的发展。2018 年 11 月 2 日，习近平同志在《在同全国妇联新一届领导班子成员集体谈话时的讲话》中指出：“要帮助妇女处理好家庭和工作的关系，做对社会有责任、对家庭有贡献的新时代女性。男性也不能当甩手掌柜，要同妻子分担养老育幼等家庭责任，共担家务劳动。”可以说，这是时代对夫妻关系提出的新要求。

首先，应该剔除儒家传统两性伦理中的不平等因素，建构新型的平等和谐关系模式。尽管女性在生理结构与心理特征上与男性不同，但在现代社会，每个人都是平等的权利主体，都有一样的社会性与权益诉求。准确地说，女性不是家庭或者男性的附属品，更不是生育工具，她们自身也是目的；婚姻不是为了传宗接代，而是情感的需要与结合，尽管它在客观上也保证了人类群体的繁衍生息。

其次，倡导平等民主的“对话伦理”，主张在夫妻之间搭建积极、畅通的沟通渠道与协商途径。与社会层面上人与人之间的平等、疏离关系不同，家庭环境当首重“和”，理想的夫妻关系应该是两情相悦、志同道合的自然结合，如此才能“家和万事兴”，而不是基于任何一方的牺牲与委曲求全；其次应求“敬”，当彼此的感受、诉求产生差异，应当彼此尊重，理性磋商以寻求共识，即所谓“求同存异”。家庭一旦成立，便须对自己负责、对彼此负责，乃至对子女负责，否则便会对各方造成伤害。因而当隔阂出现，首先当“反求诸己”，出现问题要首先反省一下自己的言行是否恰当，而非一味埋怨他人；进而当积极沟通、消除差异、达成共识，维系家庭和谐。

最后，两性的结合与离异当基于“道义”。儒家主张“夫妇以义合”，认为即便是在夫妻之间也要讲究“道义”。孟子说：“身不行道，不行于妻子；使人不以道，不能行于妻子。”可见“道义”是人与人之间相沟通的前提与基本规范。当然，孟子的话还是建立在古代社会的男权意识之下，但这个道理对于古今社会、男女双方都是通用的。因为在家庭内部，夫妻既是情感、利益的共同体，彼此又是相对独立的平等个体，必须相互尊重、互相理解、彼此成全，才能成就一个互敬互爱的和美婚姻与家庭。一方面，夫妻均要注重德性修养，言行举止要合乎“道义”，如此才能相敬如宾、和美相持；另一方面，在深入了解中可能发现双方存在不可调和的差异而无法共同生活，比如三观不合导致感情破裂，便当“和离”，即理性地依照法定程序解除婚姻关系。

（三）敦亲睦邻，构建友善邻里

邻里关系是传统社会一种以地域关系为基础的关系模式，对大多数普通人来说，它是血缘关系（家庭、家族）之外最为重要的人际补充，此即所谓“远亲不如近邻”。从古代邻里的特征来看，它不仅是一种地缘关系，也是一种基层组织单位，同时还负载着古人对于人伦关系的道德理想与生活空间的美好想象，因而历来备受重视。

传统的邻里关系具有这样一些特点：第一，邻里关系以农耕社会的乡村生活为背景。尽管古代也有城邑，但大多数人还是生活在乡村里，维系生计的手段比较单一、薄弱，极易因自然灾害等意外事件而遭受动荡，因而需要互相照应、共渡难关。第二，邻里关系大多与家族关系密切，并受到家族文化影响。传统中国具有聚族而居的特点，某些村庄甚至本身就是一个大家族，尽管也有一些杂姓村落，但由于“同姓不婚”制度与社会活动空间的局限性，村落内部甚至在周围村庄之间往往会通过姻亲关系产生千丝万缕的关联，在某种意义上甚至可以看作是家庭关系的外在延伸。第三，邻里关系是一种熟人关系。古人安土重迁，在自然经济为主导的社会里，由于社会闭塞和官府的户籍管制，人们往往世代为邻，其交往长期而稳定。在这种避无可避的局面下，人们更愿意彼此交好而非结怨、成仇，“亲不亲，故乡人”说明邻里乡亲也具有某种程度的情感。第四，邻里关系承载着政治与社会功能。作为基层政治组织，乡、里的功能在于组织纳税、征役、维护治安；作为社会组织，它是养老、待寡、抚孤、济贫、担保等经济救助的重要途径，此外还承担着民众教化、移风易俗等教育职能。

传统社会历来重视邻里关系的道德规范，“亲仁善邻，国之宝也”，即把善邻即善待邻居看作“国之宝”，可见时人对此相当看重。《左传·僖公十三年》说：“天灾流行，国家代有。救灾恤邻，道也。行道有福。”视人若己、体恤邻里、守望互助是为人、处世之正道，奉行此道必受其福，否则当遭其殃。《论语·雍也》载，原思任孔子家的总管，孔子给他小米九百斗，他不肯接受，孔子劝他说可以把多余的分给邻里乡党。可见邻里之间的互相救助既是常态，也是受到鼓励的道德行为。《大戴礼记·曾子立事》也说：“君子义则有常，善则有邻。”行之以德、善待邻里才能保持良好的关系，而自己也能收获一个和谐、美好的居住与生活环境。孟子认为古代的井田制是一种理想的制度，它可以实现几家邻居“乡田同井，出入相友，守望相助，疾病相扶持”，这一陈述可以视为对邻里关系的最高期待。南宋袁采在《袁氏世范》中曾说：“至于邻里乡党，虽比宗族为疏，然其有无相资、缓急相倚、患难相救、疾病相扶，情义所关，亦为甚重。”袁采提出邻居间要和睦相处，平日多加抚恤，有事相互照应；不要让自家的小孩、牛羊等损坏邻居家的花果、庄稼；热心资助造桥修路等公益事业。宋代真德秀作《劝欢诗》云：“千金难买是乡邻，恩意相欢即至亲。年若少时宜敬老，家才足后合怜贫。”民间蒙学文本《小女儿语》也说：“邻里亲戚，都要和气，性情温热，财物周济。”清末民初石成金编著的《传家宝》用诗的语言描写邻里关系：“生来同里共乡邻，不是交游是所亲。礼尚往来躬自厚，情关休戚我先恩。莫因小忿伤和气，遂结成仇起斗心。报复相戕还自累，始知和睦是安身。”

当然，古代社会也有一些畸形的邻里关系模式。为维护治安，封建社会多将基层民众编成建制以实施社会控制。早在春秋时期，齐国就推行什伍制，十家为什，五家为伍，什长、伍长负责闾里治安。

商鞅在秦国变法，实行什伍连坐法（后世逐渐演化为里甲制度），不准百姓擅自迁居，同时还鼓励他们彼此监督、相互检举，否则便十家连坐。这一规定严重破坏了邻里关系，导致人人自危、户户自保。汉代韩婴对此提出严厉的批评，认为井田制度下“八家相保，出入更守，疾病相忧，患难相救，有无相贷，饮食相召，嫁娶相谋，渔猎分得，仁恩施行”，而连坐法“令民相伍，有罪相伺，有刑相举，使构造怨仇，而民相残，伤和睦之心，贼仁恩，害士化，所和者寡，欲败者多，于仁道泯焉”。可见，理想的乡居环境与恶化、扭曲的邻里关系有着云泥之别。

儒家认为，条件允许的话，人们应当尽量选择好的邻居。孔子说：“里仁为美。择不处仁，焉得知？”可以的话而不选择与仁人比邻而居，那又如何称得上“知”呢？居住与生活的环境能够对人产生潜移默化的影响，这也是孟母三迁的原因。春秋时，齐景公嫌相国晏子家靠近集市过于狭窄喧嚣，就趁他去晋国时把他的宅子推翻了重建，晏子回去后又恢复原样，认为“非宅是卜，唯邻是卜”，即不要去占卜住宅，而是要占卜邻居。显然，宅子本身不是重点，什么样的邻居才是关键。晋代陶渊明在《移居》诗中写道：“昔欲居南村，非为卜其宅。闻多素心人，乐与数晨夕。”“素心人”指的是内心干净、淳朴之人，只有这样的人我们才愿意与之交往、朝夕相对。反过来说，想要找一个好的邻居、塑造良好的邻里关系，必须以我们自身的德性修养为前提。孔子说：“德不孤，必有邻。”德性昌明的人是不会孤单的，一定会有志同道合的人来与他相伴。耳熟能详的“六尺巷”的故事、司马徽让猪、杨翥卖驴等典故说明忠厚、宽容、礼让等美德都有助于培育和谐的邻里关系。唐朝时，杜甫所住的草堂前有几棵枣树，西邻的一个年老寡妇常来打枣，杜甫同情她的遭遇，总是任由她食取。后来杜甫把草堂让给一位姓吴的亲戚住，结果这姓吴的一来就在草堂周边插上篱笆，严禁打枣。杜甫知道此事后就写诗去劝告亲戚，这就是《又呈吴郎》：“堂前扑枣任西邻，无食无儿一妇人。不为困穷宁有此？只缘恐惧转须亲。”西邻老妇无食无儿，无奈之下才有此举，对此我们应该加以体谅，不该斤斤计较。

六尺巷，位于安徽省桐城市的西南一隅，全长100米、宽2米，建成于清朝康熙年间，巷道两端立石牌坊，牌坊上刻着“礼让”二字

现代社会经济、科技水平高速发展，人们逐渐告别了青瓦泥墙，住进了钢筋水泥建成的高楼大厦。现代工业社会促使人员高频流动，城镇化的推进瓦解了传统乡村的社会基础，独生子女政策的施行使得家庭家族规模萎缩，市场经济的推进不断强化理性“经济人”的

设定，可以说，现代社会正处于一个由熟人社会向陌生人社会过渡的阶段。然而，在生活越来越忙碌的同时，人们忽然发现，隔壁的邻居姓甚名谁也不清楚，楼上楼下的只知道是熟面孔，甚至连点头之交都算不上，人们又开始怀念以前可以随时到邻居家串门、聊天、吃饭，有事打个招呼就能互相照应的美好时光。如何建构新时代的邻里关系无疑是当前人们关注的一个重要问题。

与古代相比，现代邻里关系较为冷漠：一方面是因为人际依存诉求的弱化，更深层次的则是人与人之间信任的缺失；另一方面，邻里关系的变化与现代人的价值观念有关，现代人更为注重个人的自由、个性与隐私，突出个体权利，讲道理、重规则，希望能够与别人保持适度的距离。而熟人社会则更看重情感，讲究彼此之间的责任与义务，在强化共同体的同时也自然带有排外的倾向。然而传统与现代并不是水火不容的，在立足现代的同时，我们可以寻求中国传统的优良成分以改善当下的人际关系。

首先，以亲仁善邻为道德态度。在“互害型”社会中，任何人都无法独善其身，而儒家由血缘伦理推展出来的仁爱精神有助于构建一个友爱、温馨的社会氛围，这就需要我们返身自求、推己及人，“老吾老以及人之老，幼吾幼以及人之幼”，从我做起，互敬互爱。与社会关系主要靠法制维系不同，邻里关系的主要调节手段依赖于道德，只有以道德为核心才能真正形成和睦的邻里关系。

其次，以邻里和睦为价值目标。追求和谐是中国传统文化的终极价值，而和谐不仅包括天人和谐、身心和谐，也包括人际关系上的和谐。邻里和睦相处更有利于人们保持健康快乐、积极向上的精神与态度。与社区建设不同，邻里关系是以人为本的，人民群众相互之间人情化、亲善的道德关系是为了推动邻里的交往与相互信任，最终彼此成就、共同向善。

最后，以相容互让为基本立场。当下的社会总体来说呈现多元化，为此需要以己度人，“己欲立而立人，己欲达而达人”“己所不欲，勿施于人”，必须对他人具有同情心，将心比心才能理解他人或者要求别人理解自己，从而理性、平和地处理争端，维系邻里和谐，共建美好社会。

（四）孝友传家，赓续和美家风

家风，又称门风，是指一个家庭或家族世代相传的价值观、处世原则与行为规范。家风传递着祖辈对于子孙后代的谆谆教诲与殷切期盼，是家庭成员的精神纽带与灵魂归宿。优良的家风是祖先留给后人最宝贵的财富，它作为一种无形的力量，潜移默化、润物无声，贯通于人伦日用，渗透进子孙的血脉。王木春在《人生第一课：民国名家忆家庭教育》一书中对此有着精妙的描述：“家风，不是教科书，不是课堂，也不是父母时刻的耳提面命，更不是挥舞的棍棒，但它却像空气一样，具有强大而持久的渗透力，影响力往往胜过其他有形的教育手段。”而对整个社会而言，家风是社会风气的重要组成部分，家庭和睦则社会安定，家庭幸福则社会祥和，家庭文明则社会风清气正，正如习近平总书记所指出的：“家庭是社会的基本细胞，千千万万个家庭的家风好，子女教育得好，社会风气好才有基础。”

习语润家风，威海经济开发区多部门联合打造了家风家教家训教育基地　　图片来源：威海市委宣传部提供

传统的治家之法，主要是把德、礼结合起来，将其融入家训、家范、家诫、家规之中，借助血脉的传承，使孝悌忠信、礼义廉耻的道德圭臬与诚信待人、勤俭持家的行为法则深入人心。如宗圣曾氏家族家训的重点就在于“务使变化气质，陶镕德性也。他日若做秀才、做官长，固为良才、为廉吏。就是为农、为工、为商，亦不失为醇谨君子”；司马光要求族人效法先贤“遗子孙以德以礼”；郑板桥告诫孩子要好好读书，明理为善：“读书中举、中进士、做官，此是小事，第一要明理，要做个好人。”2016 年，习近平总书记在《在会见第一届全国文明家庭代表时的讲话》中更是指出：“家庭是人生的第一个课堂，父母是孩子的第一任老师。孩子们从牙牙学语起就开始接受家教，有什么样的家教，就有什么样的人。家庭教育涉及很多方面，但最重要的是品德教育，是如何做人的教育。”

古老的智慧总是教人积德为善，如谓“穷则独善其身，达则兼济天下”“积善之家必有余庆，积不善之家必有余殃”“勿以恶小而为之，勿以善小而不为”等，钱穆先生曾在《如何探究人生真理》一文中说：“中国文化，最简切扼要言之，乃以教人做一好人，即做天地间一完人，为其文化之基本精神。……人生一切真理，莫要于先使自己做成一个好人。”而家训也大体以德教为本、以孝为先，明初理学家曹端在《孝经述解序》中说：“性有五常而仁为首，仁兼万善而孝为先。盖仁者，孝所由生；而孝者，仁所由行也。是故君子莫大乎尽性，尽性莫大乎为仁，为仁莫大乎行孝。”明代东林党领袖高攀龙在其家训中要求家人子弟“立身天地间，只思量作得一个人”，而“做人”的标准之一为：“以孝弟为本，以忠义为主，以廉洁为先，以诚实为要。”晚清曾国藩通过他对于世家传承的观察总结道：“吾细思凡天下官宦之家，多只一代享用便尽。其子孙

潍坊经济开发区全国文明村前阙庄村“好家风”家庭颁奖仪式

图片来源：潍坊市委宣传部提供

始而骄佚，继而流荡，终而沟壑，能庆延一二代者鲜矣；商贾之家，勤俭者能延三四代；耕读之家，谨朴者能延五六代；孝友之家，则可以绵延十代八代。”“孝友”指的是家庭伦理的亲密、和谐，在逻辑上它与“官宦之家”“商贾之家”“耕读之家”并不冲突，不管从属于哪一阶层、从事于哪一行业，只要子弟仁爱忠信，必能家庭和睦昌明、家道长盛不衰。

因对子弟教导不慎而导致家道衰败甚至身陷囹圄者古今多有：或过于溺爱，或疏于管教。放纵溺爱、姑息迁就子女并不是真正的爱子女，等到铸成大错，悔之莫及。司马光认为，在一个人成长的过程中，若缺乏亲人关爱、教导，或者过于严苛、责之过切、爱之无方，其结果往往带来性格缺陷、人格扭曲，“沦为不肖，陷于大恶，入于刑辟，归于乱亡”。在《家范》中，他认为应及时纠正子女之过失，萌芽之时就应及时铲除，不然就像“养恶木”，等到长成合抱之围再来砍伐就很费力了，“又如开笼放鸟而捕之，解缰放马而逐之，曷若勿纵勿解之为易也”。晚明王夫之在《船山遗书》中也曾说：“人不幸而失教，陷入于恶习，耳所闻者非人之言，目所见者非人之事，日渐月渍于里巷村落之中，而有志者欲挽回于成人之后，非洗髓伐毛，必不能胜。”这种现象无时而不在，一百多年前蔡元培先生就曾在《一九零零年以来教育之进步》一文中指出，人们常常忽视家庭教育，“富者以图逸乐、逐酬应之故，而委其子女于保姆。贫者以谋生计、操家政之故，而放任子女于自由”。

现代家庭教育应在严格要求与慈爱关心之间保持适度的平衡。明代徐皇后在《内训》中所主张的“慈爱不至于姑息，严格不至于伤恩”，至今依然闪烁着智慧的光芒。《国之本在家：家风教育忧思录》一文认为，当下家庭教育存在五大误区——关爱匮乏、温室栽培、模具克隆、极力压榨、原始放养，社会上出现了大量的“问题少年”“边缘少年”，“官二代”“富二代”“星二代”问题频发，与家庭教育的迷失不无关系。当然，依照儒家的观点，“齐家”的前提是“修身”，作为家长当以身作则，而后才能整肃家风、规训家人，所谓“其身正，不令而行；其身不正，虽令不从”。北宋司马光在《居家杂仪》中也指出：“凡为家长，必谨守礼法，以御群子弟及家众。”而且家风是长期熏染影响、沾溉浸濡的结果，在某种意义上它甚至不用刻意教诫或传授，因而需要家长乃至所有的家庭成员身体力行、代代相传，子女后代通过耳濡目染自然就能渐渍其中。

中华民族在长期的传承、形塑中，产生了大量的有关家风建设的道德准则与行为规范，诸如自强不息、厚德载物、大公无私、勤俭持家、诗书传家等，既体现了中华民族的传统美德，也彰显了其跨越时空、种族的普世价值。不过，中华民族当下正处于一个和平崛起的新时代，这个时代以实现中华民族伟大复兴中国梦为根本目标，以中国特色社会主义道路自信、理论自信、制度自信、文化自信为主要特征。因而新时代家风建设应在立足传统文化之精髓与正面价值的基础上，紧密结合当下实际、与时俱进，将马克思主义家庭观科学内核、中华优秀传统文化与无产阶级革命家红色家风结合起来，形成新时代的家风与家庭建设的主流价值观，进而以规章制度、道德规范等形式内化于心、外化于行，保障其稳定性、持续性和有效性。

在倡扬与形塑新时代家风中，应注意引导家人子弟超越一己、一家之私，打开格局、放开眼量，关注、关心民族、国家的命运与前途，使其成为心怀家国、仁爱苍生的“大人”。曾国藩在《家书》中告诫子弟要心怀天下，“有民胞物与之量，有内圣外王之业”，“毋以一食而忘天下，毋以苟安而忽永图”，而后才能崇德广业、成己成物，“不忝于父母之生，不愧为天地之完人”。习近平总书记在《在会见第一届全国文明家庭代表时的讲话》中要求，在对孩子言传身教的同时，“要在家庭中培育和践行社会主义核心价值观，引导家庭成员特别是下一代热爱党、热爱祖国、热爱人民、热爱中华民族。要积极传播中华民族传统美德，传递尊老爱幼、男女平等、夫妻和睦、勤俭持家、邻里团结的观念，倡导忠诚、责任、亲情、学习、公益的理念，推动人们在为家庭谋幸福、为他人送温暖、为社会作贡献的过程中提高精神境界、培育文明风尚”。这一期望在两性平等、公私均衡、家国兼顾等方面都提出了新的要求，可以说是新时代国人对中国古代“修齐治平”理念的传承与再造。

在当前的家风建设上，领导干部尤应树立良好的榜样。习近平总书记特别要求各级领导干部要带头抓好家风，因为领导干部的家风，不仅关系自己的家庭，而且关系党风政风。领导干部手中掌握着权力资源，裙带关系、权力寻租等都可能成为腐化之源，因而要在管好自己的同时，严格要求配偶、子女，“要做到廉以修身、廉以持家，培育良好家风，教育督促亲属子女和身边工作人员走正道”。事实上，除了古代的家风、家训传统之外，新中国成立后，许许多多的革命前辈，如毛泽东、周恩来、朱德、刘少奇等，他们高度重视家风，形成了“红色家风”，为我们作出了良好的表率。领导干部是社会的风向标，只有领导干部以身作则，整个社会才会如草上之风，欣然从化，正如习近平总书记提出的：“我们着眼于以优良党风带动民风社风，发挥优秀党员、干部、道德模范的作用，把家风建设作为领导干部作风建设重要内容，弘扬真善美、抑制假恶丑，营造崇德向善、见贤思齐的社会氛围，推动社会风气明显好转。”而对于家风的具体内容，在当下这样一个新时代，我们既要继承中华传统文化中的优秀成分，如尊老爱幼、夫妻和睦、勤俭持家、邻里团结等，也要继承弘扬革命前辈的红色家风，如“戒贪止欲、克己奉公”等，修身律己、以身作则，才能“抵制歪风邪气，弘扬清风正气，以好的家风支撑起好的社会风气”。

红色基因世代传，“五老”志愿者走进校园讲革命故事

图片来源：东营市委宣传部提供

人类社会发展到今天，共同体这一社群组织的构成变得丰富多样，不再以家庭为单一组织；但是，由家庭培育而来的道德观与家教、家风的作用却愈加突出。在社会组织多样化状态下，要同时注重增强、发挥社区、社会的德化功能。特别是在陌生人社会里，要放大家的文化作用，把城市社区视作一个家来建设。这对于整肃社会风气、淳化人居环境、倡导全人类共同价值，乃至构建人类命运共同体，都具有相当重要的理论意义与实践价值。

三、社交生活：“诚信利他”的仁爱之道

社会本身是人类生活的共同体，是以人与人之间交往为纽带的。每个人都依赖这个社会，无论在物质上还是在情感上，都有同别人联系交往的需求，这构成了社交生活的原动力。而在这种社交生活中，诚信利他既是立身的根基，也是“成仁”的必由之道。

仁爱是中华传统第一大德，是中华民族的最高道德规范，它的核心实质是以人为本。仁爱的“仁”字由“人”和“二”字组成，表明人与人的相亲关系，呈现出一种重视整体、关注他人的倾向，就是要帮助更多的人。《中庸》说“仁者，人也”，即是说，只有在“二人”的对应关系中，才能对任何一方下定义，人是只有在社会关系中才能体现和规定的，人是所有社会角色的总和。这个具有社会性的仁性便是中国传统文化对人性的基本规定。很显然，在人的价值问题上，中国文化从一开始就有一种重视整体、关注他人的倾向，它否定以自我为中心，强调人与人相互依赖、

相互友爱、相互帮扶，以仁爱之心立身处世。在当今时代，倡树美德健康生活方式，势必需要发扬传统的仁德文化，弘扬诚信、友善、宽厚、仁爱之德，以诚信利他为导向，推动建设诚信社会。

（一）诚信做人

在绵延几千年的中华文明发展史中，诚信是中华民族经久流行的传统美德，是社会和谐的纽带，已经成为根植于中华民族文化中的价值共识。汉代许慎在《说文解字》中说："诚，信也。从言，成声。""诚"与"信"互训，二者是同义等值的概念，基本含义都是诚实无欺、真实不虚、信守承诺、言行一致，是以现代将"诚""信"结合在一起使用。在古代，"诚""信"二字一般是分开的。"诚"的基本内涵是真实、诚恳、没有虚假。它强调的是一种内心的自觉，指人的一切言行举止皆出于真实无伪的内心，而不是受外在的强制压迫或其他不良动机。"信"字从人从言，言从人出，就是言而有信、诚而不欺，是交往中的基本品德，追求的是一种可靠的人伦秩序，目的是得到他人的尊重、理解、肯定与扶持，保证行为的顺利性和有效性。在社会层面以诚信立身、服务利他来处理和调整社会关系，自由、平等、公正、法治就能够更好实现。

概括而言，"诚"和"信"的含义相互贯通、辩证统一。"诚"是一种内在的心理活动、道德修养，"信"是一种外在的行为活动；"诚"是"信"的基础，"信"是"诚"的结果，二者共同表达了真实、守信、信义的基本含义。两方面含义相结合即"诚信"，意思是诚实无欺，信守诺言，说话算数，言行一致，表里如一。以真诚之心，行信义之事。同时，“诚”与“信”之间既相互依存，又相互作用。当“诚”发展到一定程度、扩展到一定范围，“信”便会成为更多社会民众的共同操守，从而进一步促进更高层级、更大范围“诚”的出现，这是一种社会发展的良性循环。中国传统历来以“修身、齐家、治国、平天下”为人生的最高理想和追求，其中，“修身”为前提与基础条件。按照《大学》的说法，“修身”不外乎“格物”“致知”“诚意”“正心”四个方面，内心之“诚”就包含在其中。所以，诚信是中国传统道德体系中的重要一环，它不仅仅是一个人的立身之本，是衡量个人道德境界的重要尺度，更是一个民族、国家的生存之基，是团结和维系天下人的精神纽带，无论是个人、社会，还是天下国家，都必须以诚信为思想根基。《左传·僖公二十五年》中说“信，国之宝也，民之所庇也”，说的就是这个道理。

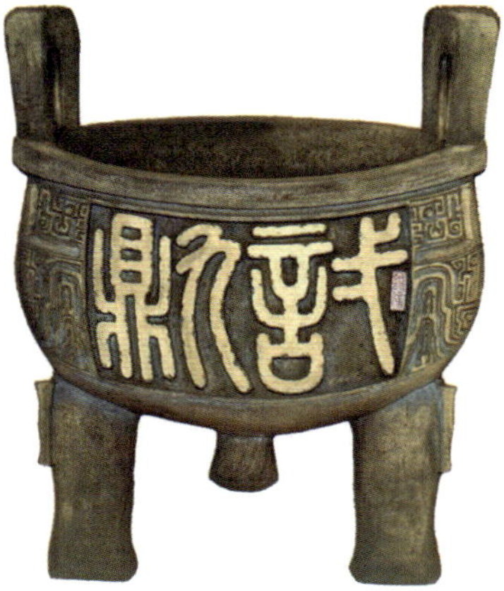

一言九鼎，诚信做人

在中华民族悠久的历史长河中形成的诚信文化，在整个社会领域无疑具有崇高的价值，一直为全社会高度关注。2001 年，“明礼诚信”第一次被纳入我国公民道德的基本规范。党的十六届四中全会提出建设社会主义和谐社会的目标，“诚信友爱”成为社会主义和谐社会六大基本特征中的一个重要特征。党的十六大指出，社会主义思想道德体系建设要坚持“以诚实守信为重点”，要注重社会公德和家庭美德的教育。党的十七大报告则强调，“以增强诚信意识为重点，加强社会公德、职业道德、家庭美德、个人品德建设”。2012 年，党的十八大报告首次提出了 24 字核心价值观，其涉及国家、社会、个人三个层面的价值取向。其中，“诚信”是为人处世的基本原则，是个人层面践行社会主义核心价值观的重要途径，是形成良好社会公德、职业道德和个人品德的基础，也是实现中国梦的必然要求。

当今时代，“诚信”是社会主义核心价值体系的重要内容，而且在其中居于基础、前提地位。只有作为社会个体的人能够诚信做人、友善待人，人与人之间才能以诚相待，营造和谐的社会氛围，而国家层面的富强、民主、文明、和谐才有可能。“诚信”还是社会主义和谐社会的一个重要标志，没有诚信的社会将到处充斥着尔虞我诈、钩心斗角，社会成员之间彼此不信任，以邻为壑，和谐相处只能是“镜中花、水中月”。要建立互相帮助、诚实守信、平等友爱、融洽相处的新型人际关系，诚信是其中必须遵循的人际交往准则。只有这样，各社会成员间才能够诚信友好相处，处理好各种人民内部的矛盾，使人民各尽其能、各得其所。从这个意义上可以说，诚信已经超出了个人修养的范畴，成为公民道德与社会普遍认可的品格。另外，社会生活中的诚信问题关系着人民生活品质和幸福指数。在人与人相处中，一个人若以诚为本，以信为先，就能够赢得他人的诚信，就能对自己的生命存在作出肯定的判断，不管什么时候、什么事情都对自己的言行负责，就会成为受人喜爱与尊重的人。若人人这样去做，社会生活就会和谐，人心就会愉悦幸福。

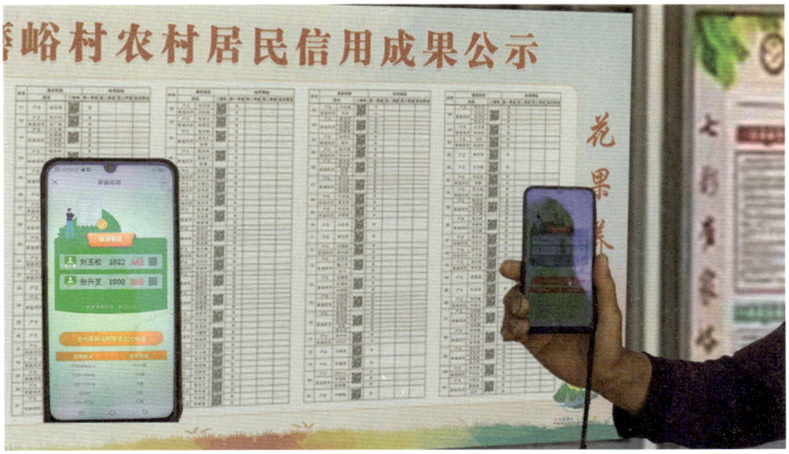

临沂市沂水县磨峪村村民用手机扫描自己的信用二维码查看自己和家人的信用积分、信用等级以及所享受的激励优惠政策

图片来源：临沂市委宣传部提供

总之，诚信是道德建设的基本遵循，是社会生活的基本准则。践行诚信道德，就要做到“内诚于心，外信于人”，在利益多元、诱惑繁多的情况下，加强道德自律，自觉树立诚信为本、守信光荣、失信可耻的信用意识和道德观念，真正将诚信道德作为个人的自觉追求，努力提高个人的道德情操与品德，以慎独精神来检视和约束自我，并将诚信道德贯穿到个人的日常生活、社会交往和工作实际中。

（二）友善待人

友善是中华民族的传统美德，历经两千余年岁月积淀，具有深厚的文化底蕴。友善，从字面意思来看是友好和善，指人与人之间关系亲近和睦。在古代汉语中，“友善”由“友”和“善”两个会意字组成。甲骨文和金文的“友”字都是方向相同的两只右手靠在一起的形状，会两人结交并协力互助之意，在《说文解字》中将其解释为“同志为友”；甲骨文“善”字上方为“羊”，表吉祥之意，下方为“目”，表温和之意，两部分组合在一起，本意为神态温润、言语谦和，《说文解字》将其解释为“善，吉也”。显然，“友”“善”二字自诞生之始便被赋予了美好含义，而组合的“友善”一词，即指人在人际交往中基于良善本心而表现出的友好言行。

友善是美好人性的展现。“人之初，性本善。”人自诞生起，其内心就拥有恻隐、羞恶、辞让等先天的品德。友善的发生就源于这些美好品德，基于人们对良善本心的肯认，对美德、善的伦理价值的追求，以及愿意与他人共同生活，尊重、接受他人的意愿。孟子的“性善论”和“四端说”都意在表明人们内在的友爱、善意能外显为友好的言行，也就是“内善而外友”。一个人内心拥有良善的德性并将它生发为友好的言行，就能达到“知行合一”的儒家理想人格状态。而基于人际关系中的交往行为的友善，随着人际互动中发起者善的行为和接受者善的回应，能够生发一系列的连锁反应从而营造出社会关系的友善氛围。就此而言，友善又是良好的人际关系的情感纽带。

中国自古就是崇尚友善之邦，始终将友善作为人际交往的基本准则。诸如《礼记·曲礼》中“往而不来，非礼也；来而不往，亦非礼也”的以礼相待的人际交往思想，《论语》中“礼之用，和为贵”的贵和思想，《孟子·公孙丑上》中的“取诸人以为善，是与人为善者也。故君子莫大乎与人为善”等体现友善的人际交往思想。这些中国传统思想都指明了人与人之间需要友善交往、以礼相待，并提倡“和睦”这样具有普遍意义和博爱性质的价值追求，是指导人们人际交往行为的重要价值准则和方法导向。在2014年中国国际友好大会上，习近平总书记指出：“以和为贵，与人为善，己所不欲、勿施于人等理念在中国代代相传，深深植根于中国人的精神中，深深体现在中国人的行为上。”2015年6月1日，习近平总书记在会见中国少年先锋队第七次全国代表大会全体代表的讲话中又强调：“要学会做人的准则，就要学习和传承中华民族传统美德，学习和弘扬社会主义新风尚，热爱生活，懂得感恩，与人为善，明礼诚信，争当学习和实践社会主义核心价值观的小模范。”毫无疑问，友善作为中华民族的传统美德，作为价值遵守，印刻在中国人的精神中，在社会发展中起着重要作用。在2001年，“友善”作为“20字公民基本道德规范”之一出现在《公民道德建设实施纲要》中，这也是中央第一次将友善提升到“公民基本道德规范”的高度。随着社会的发展，2006年提出了“八荣八耻”的道德规范准则，其中“以团结互助为荣，以损人利己为耻”，要求在社会交往中应该团结互助、不损人利己，对友善的交往规范提出了规范和期望，凸显了友善在整个社会意识形态建设中的基础地位。2012年党的十八大报告正式将“友善”列为社会主义核心价值观之一，规范了社会交往中的原则规范，成为社会主义制度下人与人之间相处的基本准则，再一次彰显了友善在当前社会道德建设中的基础性作用。

友善作为道德思想已经融入我们民族的心理和思维方式中，成为中华民族一种深厚的传统意识。在今天，友善作为社会主义核心价值观的重要范畴，既容纳了传统道德的精华，又赋予了反映人类社会发展和现实需要的时代内涵，包括谦敬雅量、帮扶互助，先人后己、礼让待人，同声相求、宽厚相待，平等交往、助人为乐等，是社会生活中人与人之间建立友好关系的黏合剂。在全面建设社会主义现代化国家过程中积极倡导友善价值观，发扬友善之心，推崇友善之举，有利于化解民众之间的矛盾，引导人们树立正确的生活态度；有利于加深社会成员彼此间的友爱、信任，增加社会的认同感和凝聚力；有利于温暖人心，形成平等性和对等性基础上尊重、宽容、互助的新型社会主义人际关系，进而增进社会幸福。对于个人而言，在社会变迁和文化嬗变的时代背景下，需要进一步将友善所倡导的价值理念和实践智慧融入社会生活的各方面，转化为自己的情感认同和行为习惯。具体讲，需要从以下层面入手：

2022 年 8 月 27 日，定陶区文明办在滨河鑫城小区举办“走出小家 融入大家 文明共建 德润陶城”定陶好邻里活动

图片来源：菏泽市委宣传部提供

友善待人，要时刻反省自我，保持善心。友善的动力来自于内心真实无妄的善心善念，只有内心具有善意，才能够自觉地将这种善意传递给他人。同时，摒弃自我欲念的干扰，由绝假纯真的善心出发的言行才是真正的嘉言懿行，否则只是谋利计功的伪善。而要常怀善心，就需要坚持“持中”，即时常反思自我，在对待和处理周遭事物时不带有主观上的偏见和情绪，始终维持在先天而来的善念。在这样的心理状态下，自我善良的心性才能得以很好地维持，从而由内而外自然表现出善行。在践行过程中，对他人友善势必从自身做起，去恶念，明善理，葆善德，进而将善心善念转化为善行。同时，要学会见贤思齐、崇德向善，向品德高尚、品质优秀的典范悉心学习，积善成德、明德惟馨。

友善待人，要学会谦敬礼让。谦敬的本质在于对他人人格尊严、思想观念、行为习惯的尊重，以及由此表现出来的谦逊的处事态度，而礼让则是合乎礼仪的谦让。和谐的人际关系是建立在彼此互相尊敬、礼让的基础上的。中国传统历来强调“和为贵”，主张“以礼节和”“和而不同”的原则和方法，就是要在人际交往过程中在尊重他人的差异和个性的前提下实现人际关系的友善共生，在面对不同的意见和分歧时能够通过相互沟通和理解来化解矛盾和问题，具体来说，就是要以谦敬礼让的态度为人处世。就我国当下的社会环境而言，各种文化背景、行为习惯、思维方式、价值取向不同的陌生人在同一个时空中产生交集，合作共生是人与人之间最基本的存在状态。人们只有不斤斤计较，不盛气凌人，不损人利己，以尊重、宽容、礼让的心态相互交往，用包容的心态来看待这些差异，真诚地接纳与自己的生活方式不同的其他社会成员，才能够使合作共生可持续，营造愉悦、美好的人际关系，建立和谐、友善的社会环境。

友善待人，还要以仁爱之心互帮互助。友善不仅是一种观念和态度，更是一种实际行动。当面对他人困境而能力所能及地伸出援助之手，积极主动地提供给他人想要的帮助，这便是友善待人的更深层境界。这种不计较个人得失，甚至愿意牺牲自己的部分利益而对他人给予帮助的行动，比尊重、平等、友好的态度更进一步，更能体现对他人的关爱，更能体现社会的温情，营造温暖的社会氛围。然而，在现实社会中许多人并未力行助人行动，互帮互助，而是以一种看客之心对待周围需要帮助的人，这种人情的冷漠冲击着社会的道德底线，严重败坏了社会风气。这种看客式的冷漠背后反映了人们自身道德责任感的缺失和他人意识的淡薄，以及对于社会积极关系的紧密联系的认识不足。当人们积极主动地关爱他人、帮助他人时，不仅自己在帮助别人的过程中得到了道德上的升华和精神上的愉悦，而且可以建立和谐友爱的新型人际关系，在全社会营造一种温暖、和谐、互助的道德文化氛围，让社会更加美好。

（三）宽厚为人

宽厚是能够容纳各种各样事情的宽容仁厚、宽宏大度的胸怀，历来是为人处世的一种美德，也是当今人际交往与社会生活的重要原则。在中国传统文化中，“宽”“厚”的含义十分丰富，“宽”的实质是心胸宽阔宽广，具体来说，有宽大、宽让、宽容、宽恕等内涵。“厚”的实质是厚道，即待人能够诚恳，能宽容，不刻薄，具体来说，则有敦厚、仁厚、笃厚、忠厚等内涵。“宽”与“厚”二者都是待人接物、人际交往中表现出来的优秀品质，具有相通的精神实质；但二者各有侧重，“宽”侧重于为人处世的态度，而“厚”强调内在的涵养与品质，具有沉稳、平和、安详、善良等特征。可以说，“厚”是“宽”的内在德性要求，而“宽”则是“厚”的外在具体表现，具体展现在各种人际关系的处理中。“宽”和“厚”两种品质结合在一起，即是贯穿中国传统文化的宽厚之德。

“宽厚”在《周易》中多有阐述。《周易·乾卦》中说：“君子学以聚之，问以辩之，宽以居之，仁以行之”，将勤学、好问、宽容、仁爱作为君子应当具有的四德，这种宽阔的胸襟和宽容的态度即是“宽”的内涵。《周易·坤卦》说：“地势，坤。君子以厚德载物。”这是说，大地以至德滋养天地万物，以敦厚凝重的情怀承载世界，使万物得以生化运作，这是无上大德。君子也应秉承大地淳厚博大的品质，像大地培育万物一样，以淳朴、淳厚的胸怀应事接物，这里明确地提出了“厚”的内涵。这两个内涵结合在一起，便形成了对中华民族心理、中华民族文化影响深远的“宽厚”概念。这种在中华民族深厚文化传统中形成的宽厚品德是中华民族处理人际关系的思想基础和基本原则，对弘扬新时代美德健康生活方式、营造和谐美好的社会氛围具有重要意义。

宽厚是衡量一个人品德修养的重要标志，是为人的基本美德，也是人际和谐的关键。在《论语》中，孔子以“恭宽信敏惠”为“仁”之五德，认为宽容、宽厚是获得别人理解和支持的根本条件，将宽厚之德视为人必备的德性。《尚书·周书·君陈》说："必有忍，其乃有济；有容，德乃大。"强调必须具有宽厚的胸怀，德行才能广大。陆九渊在《象山语要》中也说："古人未尝不言宽。宽也者，君子之德也。"以上足见，宽厚是圣人君子所必备的德性。此外，在各种文史典籍中，我们也常看到人们用"宽厚长者""宽大长者""忠厚长者"等词语对他们的良好品质和对社会的作用予以赞誉。这种宽厚之德融于中华传统文化之中，代代传承，对于消除人际隔阂与紧张关系具有重要作用。

在日常生活中，宽容体现为一种大度。这种大度是对别人的释怀，也是对自己的善待。孔子曾说："躬自厚而薄责于人，则远怨矣。"意思是说，人行于世，重要的是严格地要求自己而对他人采取宽容的态度，在责备和批评别人的时候应该尽量做到和缓宽厚，就可以远离别人的怨恨了，用现在的话说，就是严于律己、宽以待人。以宽厚的态度为人，像容忍自己一样去容忍他人，要学会将心比心，主动站在他人的立场上处理问题，多替别人考虑，多一点宽容，少一点求全责备，不盲目责备他人，甚至把过错一概推到别人身上去。要"得饶人处且饶人"，学会以友善的态度来对待别人的不足与过错，多反躬自省，做好自我批评，从自己身上找原因，而不能斤斤计较，更不可冤冤相报，只有这样才能够处理好人与人之间的关系。相传清朝康熙年间，张英担任文华殿大学士兼礼部尚书，他老家桐城的官邸与吴家为邻，两家因院墙发生纠纷，争执不下。张老夫人修书给张英，要求他出面解决。张英见信深感忧虑，回复老夫人："千里家书只为墙，让人三尺又何妨？万里长城今犹在，不见当年秦始皇。”于是，张老夫人令家丁后退三尺筑墙。吴家见状，深受感动，也主动让出三尺房基地。从此，张、吴两府消除隔阂，成通家之谊。这就是被后人传作佳话的“六尺巷”。这个典故所包含的宽厚礼让精神实际上也是中华传统文化的精神，它的“宽”不是宽在“六尺”上，而是宽在人们的心灵境界与宽厚礼让精神上。当面对与自己利益相冲、甚至伤害过自己的人，报以宽容谅解时，必然会化解、避免很多无谓的矛盾。法国著名作家雨果说：“世界上最宽阔的是海洋，比海洋更宽阔的是天空，比天空更宽阔的是人的胸怀。”当我们以宽厚的胸襟处事时，不仅能更好地处理人际矛盾，而且能使自己更加坦然，产生一种温暖的自我美感，足以消释自己的痛苦和烦恼。

宽厚是一个人成就一番事业的必备素质。中华民族历来重视以德治国，强调在位者需要具有宽厚的品德。在《国语·周语·刘康公论鲁大夫俭与侈》一文中，刘康公指出：“宽肃宣惠，君也；敬恪恭俭，臣也。宽所以保本也，肃所以济时也，宣所以施教也，惠所以和民也。”他认为，宽厚、整肃、严己、惠民是为人君主必备的四种品德，其中宽厚是首要的。为君者为政宽厚才能够获得民心，保持江山社稷，维持社会安定。在历史上，舜就因宽厚的胸襟和情怀而为人所称赞。舜虽遭到父亲、继母和同父异母的弟弟的一再加害，但最终仍旧选择宽容谦让，展现出宽厚的人格品质，并最终被尧选做继承人。舜继位后，仍旧在全社会推行宽厚政策，积极推行社会教化，使得百姓亲和，社会大治。春秋时期的齐桓公也是这样一个待人宽厚的智者。齐桓公与公子纠争位时曾挨过政敌管仲一箭，差点要了他的性命。但在登上国君之位后，他敏锐地发现管仲有治世之才，于是不计较管仲的“一箭之仇”，听从师傅鲍叔牙的劝说，以博大的胸怀宽容并重用管仲。也正因为齐桓公不计前嫌的重用，深深地感动了管仲，此后，管仲尽心效力国事，鞠躬尽瘁，帮助齐桓公最终实现富国强兵的目标，使其率先登上春秋霸主之位，成就了彪炳千秋之伟业。这些历代传颂的佳话，无不是在向我们展示智者的宽厚的格局和博大胸怀。这种宽厚美德，正是他们成就事业的关键所在。

俗话说：宽容大量成大事，小肚鸡肠难成事。纵观古今，凡事业上建功立业、取得成就的人，绝不是心胸狭窄、小肚鸡肠之人，而是襟怀坦荡、宽宏大量、豁达大度之人。他们无不善于在不同中谋求统一，在和谐中凝聚力量。明代陈继儒在《小窗幽记》中说：“轻财足以聚人，律己足以服人，量宽足以得人，身先足以率人。”这是说，不看重财利者才可以将众人聚集在自己身边，严格要求自己的人才能使人信服，气量宽宏博大者才可以得到他人帮助，凡事身先士卒者才能成为他人榜样。这也是在强调宽厚待人所具有的凝心聚力的效用。在当今世界，整个社会就像一张巨网，将人与人紧密地联系在一起，置于同一个共同体中。在愈加密切的人际交往中难免产生各种利益纠纷与人际矛盾，而能够成功解决人与人之间的矛盾也成为人们事业成功的关键点。只有以宽仁之心应对万事万物，凡事礼让三分，人与人间的隔阂与紧张关系才能够消除，进而推动良性的社会交往，促进事业的成功。

（四）仁者爱人

“仁爱”是中华民族的最高道德规范，也是社会交往的最高境界。《说文解字》说：“仁，亲也。”《国语·晋语一》说：“为人者，爱亲之谓仁。”这是以“爱”“亲”释“仁”，慈爱是其基本义，这在先秦时期已经达到了共识。到了孔子，赋予了“仁”以新义。《论语·颜渊》中载：“樊迟问仁。子曰：‘爱人’。”《论语·学而》中又说：“弟子入则孝，出则弟，谨而信，泛爱众，而亲仁。”“爱人”是对“仁”的释义，意即爱他人。这里的仁爱已经不再局限于血缘宗族关系，而具有了“泛爱众”的要求，将仁爱从亲人间扩展至众人之爱，体现了儒家仁爱思想的扩展性，充满着友爱天下一切人的人文情怀。它否定以自我为中心，强调人与人相互依赖、相互友爱、相互帮扶，以仁爱之心立身处世。

在儒家的思想体系中，与“仁爱”密切相关的另一组概念是“忠恕”与“克己”。“忠恕”是践行仁爱的具体方法。“尽己之谓忠，推己之谓恕”。“忠”，这是由“爱”所表现出来的尽己之心，按孔子的话说就是“己欲立而立人，己欲达而达人”，意思是说，我想要实现自己的愿望，同时也要尊重并帮助他人实现他们的愿望。“恕”是由“爱”所表现出来的推己之心，指“己所不欲，勿施于人”，意思是说，不欲他人施加于我的事情，也不强加给他人。具体讲，“忠”“恕”是仁爱思想的一体两面，“忠”是从积极方面讲，是换位思考、为别人着想，奉献自己；“恕”是从消极方面讲，是要尊重、宽容、理解别人，与别人交往时将心比心。忠恕充分肯定了人与人之间的差异性，强调换位思考、尊重包容及以他人为重的价值取向，对于实现人与人之间的互帮互助、和谐相处具有重要意义。“克己”是成就仁爱之德的另一不可或缺的方面。在尽己、推己的过程中，“己”是关键所在。己是行仁的主体，而克己是推己及人的前提。孔子说：“克己复礼为仁。”这个“己”是主观利欲的综合，人们只有不断克治省察内心，遵循礼法规矩，才能够不断培育内心的仁爱之德。“仁远乎哉？我欲仁，斯仁至矣。”仁是可以通过“克己”和“忠恕”的修养和实践功夫达到的。

通过持续不断的克己和行仁的修养、实践功夫，每个人的仁爱之心可以达到“民胞物与”的理想境界。张载在《正蒙·乾称》中说：“民吾同胞，物吾与也。”人生天地间，都是天地之子，所有人都是我们的同胞兄弟，所有物都是我们的朋友同伴，因此要将一切人和事物视为自己的一部分，像爱自己一样爱天下万民。这是一种超脱了个体自我和家庭、超脱了个人利害，而将自我置于更广阔世界的超越态度。张载认为，天地万物都与我休戚相关、一体与共，因而必须认识到这种紧密关系，并用胸怀天下的视野、自我的责任，自觉做到“泛爱众”“仁民”和“爱物”。这就是仁者的胸怀与担当，也是每个人应当一生矢志不移追求的仁德境界。孔子说：“里仁为美。择不处仁，焉得知？”“君子去仁，恶乎成名？”“君子无终食之间违仁，造次必于是，颠沛必于是。”这是说要时刻坚守仁德，以仁德为我们安身立命的体现和根据，并将它当作人生最高的目标和境界去追求。这种仁德蕴含着深厚的家国情怀和强烈的社会责任感，激励着一代又一代的仁人志士前赴后继、赴汤蹈火，凝聚成中华民族深沉的价值追求。

现今，“仁者爱人”的道德情怀、“忠恕”与“克己”的为人处世之方、“民胞物与”的仁德境界，已经深深融入中华民族之魂，传承至今。比如，在发现火情后，义无反顾地3次冲入火场救人，20多位邻居无一伤亡，自己却被烧成“炭人”的王锋；二十年如一日坚守大山深处，用无怨无悔的坚守和付出照亮山区孩子求学之路的张玉滚老师；身患“渐冻症”还依然战斗在抗疫一线的张定宇院长……他们用实际行动诠释了什么是无私奉献、什么是大爱无疆。他们的行为都是中华民族仁德思想、仁爱思想的鲜活体现。中华民族代代相传的仁爱思想，是我们人生的最高目标与境界，为指导人们的社会生活、培育和践行社会主义核心价值观提供了丰厚的思想资源，为建立和谐友爱的人际关系提供了思想借鉴。弘扬仁爱思想，达成仁德境界，要从以下方面入手：

第一，以忠恕之道处理人与人之间的关系。关于什么是仁爱，儒家给出过“克己复礼”“爱人”“恭宽信敏惠”等多种解释，但归根结底，“仁爱”讲的是一种发自内心的真情实感，一种以他人为重的情怀。这种以他人为重的观念集中体现在“忠恕”之道上。所以曾子才说孔子一以贯之的道，不过“忠恕而已矣”。在当下社会，人与人之间都是平等、独立的个体，要学会换位思考，尊重、宽容、理解、体谅他人，同时学会将心比心，在考虑个人利益得失时优先考虑他人，对老人、幼儿、弱者怀有同情心，在尊重他人的同时给予帮助和照顾，实现人与人之间的和而不同、和谐相处。

第二，要有忘我奉献的崇高追求。中华民族素有“泛爱众”的

卡口疫情防控志愿者

图片来源：威海市委宣传部提供

仁爱情怀，并以“民胞物与”的仁德境界为最高的目标追求。张载说：“为天地立心，为生民立命，为往圣继绝学，为万世开太平”，体现的就是一种心怀大我、济世救民的仁者追求。在当下社会，敬业奉献的教师，救死扶伤的医务工作者，英勇救民的消防战士，都是仁爱精神的现代传承者。雷锋精神、志愿服务精神和抗疫精神，都是仁爱精神的现代诠释和生动表现。特别是在新冠肺炎疫情防控工作中，广大的医务工作者、公安民警、社区工作者、志愿者等把民众的生命安全和身体健康置于首位，义无反顾、挺身而出、日夜奋战，用行动彰显了大公无私、忘我奉献的精神境界，为他人服务、为社会奉献，体现了仁爱精神的现代传承。这种仁爱精神是我们的前进方向和精神追求。

第三，要提高自身的仁德修养，从小事做起，践行仁爱美德。在人际交往中，一方面要遵守法律法规，不因一己私利侵犯他人的利益；另一方面要自我反省，破除自私自利意识，激发内心的利他意识和仁爱追求，并转化为诚信利他的实际行动。同时，要从日常的点滴小事做起，逐步提升自我。孔子说：“能近取譬，可谓仁之方也。”他认为践行仁爱必须从人伦日用的小事做起。而他本人指点弟子行仁，也多以生活实例进行点拨。践行仁爱必须从生活中的小事做起，由易到难、由近及远，管好小事、守好小节，积小善为大善，不断增强社会责任感，最终通达仁者境界。

四、消费生活："节俭绿色"的共生之道

中华文化自古讲求"天人合一""取之有节、用之有度"，尊崇"成由勤俭败由奢""静以修身，俭以养德"的道理。我们党历来倡导艰苦奋斗，习近平总书记多次强调："不论我们国家发展到什么水平，不论人民生活改善到什么地步，艰苦奋斗、勤俭节约的思想永远不能丢。"当前，各种非理性的过度消费现象，已经造成了自然资源的极大浪费和生态环境的极大破坏。为了保持社会的可持续发展，促进人们生活品质的提升，我们势必要转变消费观念，形成节俭绿色、和谐共生的消费生活方式。

习近平总书记在党的二十大报告中特别强调要"推动绿色发展"，指出："我们要推进美丽中国建设，坚持山水林田湖草沙一体化保护和系统治理，统筹产业结构调整、污染治理、生态保护、应对气候变化，协同推进降碳、减污、扩绿、增长，推进生态优先、节约集约、绿色低碳发展。"我们要"加快发展方式绿色转型""实施全面节约战略""发展绿色低碳产业""倡导绿色消费，推动形成绿色低碳的生产方式和生活方式"。其实，这一观念本身就根植于中华民族的传统美德之中。众所周知，中华民族历来讲究天人合一、道法自然，倡导节俭有度、勤俭持家。"春三月，山林不登斧，以成草木之长。夏三月，川泽不入网罟，以成鱼鳖之长""顺天时，

量地利，则用力少而成功多”，这些观念都是强调人类的活动应当合乎自然的节律，取之有时，用之有度。我们的先民就是在这种朴素自然观的影响下而形成了“静以修身，俭以养德”的美德。今天，我们需要珍视和汲取这些传统思想中的生活智慧，尊重自然、顺应自然、保护自然，敬畏自然、自觉弘扬勤俭持家的传统美德，做绿色低碳生活的践行者。

（一）天人合一、道法自然

“天人合一、道法自然”的古训对我们中国人来讲并不陌生，但是在日常生活中，恐怕很少会有人将它与自己的消费生活联系在一起，更难以意识到它恰是现代公民与自然、社会、他人，乃至与自身维系和谐共生关系的基本原则。

“道法自然”的观念由道家创始人老子提出。所谓“道”，即“大道”，是至高无上的存在，它代表着宇宙万物自身本来的性质和性能（自然性）以及宇宙万物自身发展变化的规定性（自然规律或自然法则）；所谓“自然”，并不是指与精神意识相对的物质自然界，而是指“自然而然”，意为“自身本来的样子”。所以，“道法自然”的基本含义就是：大道总是依循自身本来的样子而运行，大道总是依据自身本来的性质而存在，大道总是遵循自身固有的规定性而变化发展。

关于人与大道关系，老子说得很明白：“人法地，地法天，天法道，道法自然。”这就是要求人类的言行活动都要效法天地，而效法天地的实质也就是要效法自然大道。其根本理由乃是一个最为朴素的道理，即人生存于天地之间，因此我们总是与大地、上天有着实在的关联。天地馈赠了我们衣食住行所需要的一切资源，乃至在本初的意义上塑造着我们的生活世界。这意味着：我们本身就是天地造化而生，本身也就属于天地，我们与万事万物一样都是天地的子女，所谓“乾为父，坤为母”。也就是说，自然界是生命的有机体，是人的目的和意志无法改变的。人自身虽然具有自主自觉的能力，但是在天地大道面前，人的能力并不是至上的、全能的、无限的，而总是要受制于天地大道。所以《周易》中说：“有天地，然后有万物，有万物，然后有男女”“天地存，则人存；天地灭，则人灭”，就是提醒我们要敬畏、遵循天地大道，以顺应尊奉天地大道作为自身生存在世的根本原则。

菏泽鄄城县域内黄河大堤掠影

图片来源：菏泽市委宣传部提供

那么，如何才能使自己的目的合于自然目的呢？老子说：“自知者明。”只要对自身有自知之明，就能体认“常道”，故又称之为“知常曰明”。也就是说，人一方面要认识到自身具有体认天道的能力，另一方面要意识到人本身从属于天，需要发挥自身本性来回应天道。正如孟子所说：“尽其心者，知其性也；知其性，则知天矣。存其心，养其性，所以事天也。”这就是说，自身的心性与天命天道具有贯通性，因为人本身就是天地所生，人性本身也就是天地所赐，人需要保存自己的善心，养护自己的本性，以此来回应天命，以此来尊奉天道。相反，如若无法无天、恣意妄为，就必然会违背大道，最终会导致自身的毁灭，那也就无法挽回了；因此，孔子提醒世人“畏天命”，告诫世人“获罪于天，无所祷也”。春耕秋收，四时变化不容忤逆，懂得维护人与人以及人与自然之间的关系，才能保证人的生存发展，这样“知命畏天”的观念是我们实现健康美好生活所具备的德性。这些中国传统思想与现代生态学的主张根本是一致的，无不是在提醒我们，只有使自身的生产、生活符合自然法则，才能繁荣昌盛；反之，则会走向衰亡毁灭。这对于现代人来说，具有特别重大而深远的意义。

“道法自然”所指向的理想生活状态就是“天人合一”。这一思想在儒、道、释诸家都有阐述，其中最为人熟知的表达，有《庄子·齐物论》中的“天地与我并生，万物与我为一”，北宋大儒程颢所说的“仁者，浑然与物同体”和张载提出的“民胞物与”，明代大儒王阳明所说的“仁者与天地万物为一体”等。他们都强调人与天地要共生共荣，天人合德，和谐统一。人类既是自然存在物，也是社会存在物。也就是说，人在万物中有其特殊性，不仅有生命、有智慧，而且有意识、有道德，所以要认识到天是客观存在的，具有固定规律，不以人的意志为转移，人类不能存在于自然之外，更不能凌驾于自然之上，万物生于天地且生存于天地，天、地、人相互联系、不可分离。

聊城市开展“垃圾去哪儿了——‘小手牵大手 环保一起走’互动体验活动”　　图片来源：聊城市委宣传部提供

进一步讲，人对天地大道的从属效法也指引着我们与万物之间的关系，即人类自始就与天地万物共生共存地生活在一起，共同构成一个生态有机体，也是一个命运共同体。正如孟子所言：“天之生物也，使之一本。”大自然创造生灵万物，万事万物回归本原。先秦儒家认为，天地万物是并生的统一体，是一个不可分割的整体，其主要强调的是人作为自然的一个组成部分，应该尊重自然规律，尊重生命，与自然和谐相处，追求最高的目标，从而达到天人合德的境界，也就是“先天而天弗违，后天而奉天时”。所谓“民胞物与”，即天地万物皆人类的伙伴。因此，唯有协调平衡，互惠互利，才能持久地维护自身的利益，才能实现长远的发展。相反，如果我们不尊重其他生命存在，无限度攫取各种能源，打破了人类与万事万物之间的平衡关系，那么必然会“城门失火，殃及池鱼”，反身伤害人类。因此，现代人要想生活得幸福安康，就需要去除心中过度的欲望，学会与自然万物和谐共生，将道法自然、天人合一思想渗透贯彻到日常生活中去。

由此可见，儒道都是以自然为出发点来思考人的问题。道家提出一种以“真人”“至人”“神人”为指向的本真的人格境界；儒家则赋予天道以道德价值意味，并鼓励人尽其心性来实现，将人的生命视为天之所“命”，指出人生在世具有弘扬天道的使命，也就是孔子所说的“人能弘道”。

我们在生活中要维护如下三种共生关系：

人与自然万物的和谐共生。人与自然是一个生命共同体，整个人类是一个命运共同体，“当人类无序开发、粗暴掠夺自然时，自然的惩罚必然是无情的。人类对大自然的伤害最终会伤及人类自身”。这就要求我们：第一，要尊重自然、顺应自然、保护自然，保护自然生态系统，维护人与自然之间形成的生命共同体。第二，要树立和践行绿水青山就是金山银山的理念。第三，要坚定不移推动形成绿色发展方式和生活方式，坚持节约资源和保护环境的基本国策，实行最严格的生态环境保护制度，以新发展理念为指导，创新生产方式，改变生活方式，坚定走生产发展、生活富裕、生态良好的文明发展道路。第四，要把生态文明建设融入经济建设、政治建设、文化建设、社会建设各方面和全过程，着力树立生态文明理念、完善生态文明制度体系、维护生态安全、优化生态环境，形成节约资源和保护环境的空间格局、产业结构、生产方式、生活方式，建设美丽山东。

人与社会群体的和谐共生。人是社会最基本的构成要素，每个人都是共同体的一部分，而每一个自律的公民都应该懂得个体自由总是要以社会共同体的确立为前提，总是需要通过人类共同道德价值的约束，使“本我”转变为社会共同体中的“自我”，最终在人类命运共同体中，实现“自我”的价值。因此，在我们日常的经济、伦理生活中，同样要落实和谐共生的原则。因为人类整体同样是天地自然的一部分，需要内部和谐才能真正实现与天地自然的和谐。毕竟，人是在社会群体中生活，人与人相互联系、相互影响着。人

2020 年，威海华夏城被生态环境部命名为“绿水青山就是金山银山”实践创新基地

图片来源：威海市委宣传部提供

与人的和谐是和谐社会的重要标志。实现人与人的和谐，必须把社会的公平正义作为处理人与人之间关系的标尺，把诚信友爱作为处理人与人之间关系的基本准则，把充分激发每个人的活力作为奋斗目标，让全社会的创造力得到充分发挥，让一切创造社会财富的源泉充分涌流。

人与自我身心的和谐共生。物质上的富足是必要的，但不是生活唯一的内容，正如孔子所说："富与贵，是人之所欲也，不以其道得之，不处也。"如果执着于功名利禄，必然会利欲熏心，以至身心紊乱，子思就曾告诫说："士人虽然胸怀治道，却因贪恋禄位而死啊！"事实上，享有良好声誉的人往往淡泊名利，简朴寡欲，所以荀子指出："节用御欲，收敛蓄藏以继之也。是于己长虑顾后，几不甚善矣哉！"这就表明，节制欲望，收敛积蓄，既能保障后继之用，也能避免贪欲扰乱心神，从长远考虑对自己是大有裨益的。由此而言，我们应该始终保持一种平和质朴的心态，维护身心内外的和谐。

总之，我们需要维护人与自然、人与社会、身与心的和谐，效法自然常理，物极必反，福兮祸所伏、祸兮福所倚的古训，理当谨记。敬畏天道，顺应自然常道，是自身平安幸福生活的不二法则，也是人类长久生存的至理大道。

为此，我国在"十四五"及更长一个时期将不断加力推动绿色消费，同时按照供给侧与需求侧共同发力，激励约束并举，政府、企业、消费者共建共治共享的原则，构建绿色消费政策体系。在供给侧，政府通过制定法规标准，形成推动绿色消费的制度安排；在需求侧，通过政府主导、企业主体和公众行动，绿色消费政策体系要着眼于为社会提供高效、环保和低碳的绿色产品与服务消费，推动消费者践行绿色消费行为，养成绿色生活方式。当然，这一切都离不开我们每个人的自觉意识和实际行动，因此，我们一方面要传承勤俭持家、俭以养德的思想品质，另一方面要践行绿色低碳、适度消费的行为方式。

（二）勤俭持家、俭以养德

艰苦奋斗、勤俭节约是中国共产党人的优良作风，我国自古就将勤俭视为一种从“修身齐家”到“治国平天下”不可或缺的美德。为世人所称颂的贤士明君都坚持一种简朴的生活，由此保持自身不为物欲所役使，维持自身的精神自由。也许有人会说，在物质日益丰富的今天，还有必要提倡勤俭节约吗？没有充分的消费，还有市场的繁荣和生产的扩大吗？事实上，这种认识不无偏颇。21 世纪以来，不断呈现的全球能源紧张态势严重制约着各国经济的发展，尤其是对于我们这样一个人均资源不足的国家而言，资源紧缺将成为制约我国经济发展的最大瓶颈；而且即便大自然可以满足人类的基本需要，也无法满足人类不尽的贪欲。因此，勤俭节约在今天仍然十分必要，甚至比古代更为必要。

“勤俭节约”中的“俭”“约”，都是简化、不繁复的意思，而“节”是调节、节制的意思，因此，这并不是要人们禁欲，更不代表吝啬，而是提醒人们要自觉遏制奢靡浪费的陋习，防止沉迷物欲而丧失吃苦奋斗的意志，保持简单、简洁、节制的自觉。勤俭节

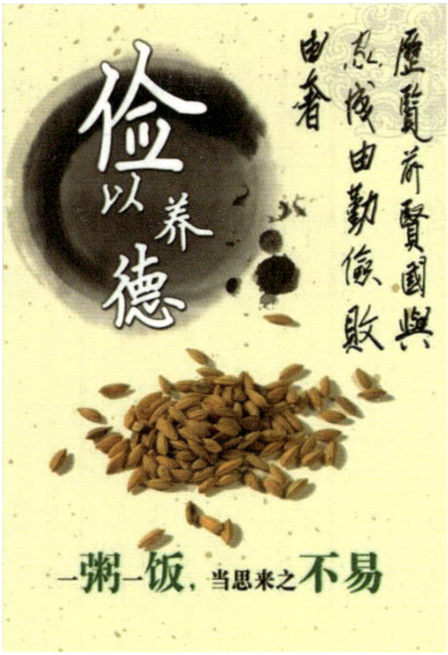

俭以养德

约不仅仅是一种外在的行为，而且是一种不断滋养、充实自身内在修为的德性，有谓“俭以养德”。“俭以养德”一词出自诸葛亮的《诫子书》，所谓“夫君子之行，静以修身，俭以养德，非淡泊无以明志，非宁静无以致远”。俭就是勤俭、节俭。其大意是强调恬静以修善自身，俭朴以淳养品德。但是勤俭与品德修养一体关联的思想早在先秦时期就已流行。例如，孔子说：“奢则不孙，俭则固。与其不孙也，宁固”，“礼，与其奢也，宁俭”，就是明确讨论礼的繁简问题。其观点指出，奢侈就会越礼，而过于节俭就会寒酸，这两方面都不好，但是奢侈比起简陋来讲危害更大一些，所谓“奢不如俭”。老子将“俭”奉为“三宝”之一，所谓“一曰慈，二曰俭，三曰不敢为天下先”。道家主张人类限制和减少自身的欲望，认为欲望过多对身体健康不利，其直接与“养生”相关，同时也认为“养生”本身也是德性的充实。这也与前论“道法自然”的原则根本一致。因为“自然”的一个特点是简单素朴，所谓“大道至简”。

之所以“俭”与“德”密切相关，就在于我们选择一种节俭的生活，还是一种奢侈的生活，往往是由自身欲望的大小决定的，所以“俭以养德”直接关涉的是寡欲的道德修为。在道家，老子主张

“不欲以静”，就是指减少自身欲望就能保持心清神宁，让精神洁净疏阔。对此，《世说新语·德行篇》中讲述了一个“身无长物”的故事。其大意是说：东晋时期，王恭将军从绍兴回来，他叔叔王大去看他，一眼瞧见了王恭坐的一张精美竹席，就对王恭说：“这么好的席子能不能给我一条？”王恭笑了笑，没有回答。王大走后，王恭把自己坐的席子卷了，让人给王大送去。过了几天，王大又去王恭家，发现王恭坐了一条粗糙的草垫子，不由大为惊奇，问：“你为什么不坐竹席了？”王恭很自然地说：“我的竹席不是送给您了吗？”王大很吃惊，说：“我以为你有多余的……”王恭笑说：“您老人家真的不了解我啊。我这个人，从来就没有多余的东西。”在道家看来，“身无长物”就可以使身与心得到“长久”的维护，就能在精神心灵上“常足”，也就是说，俭以养德的根本意义在于可以实现心灵上的安宁，而只有心灵保持宁静而不浮躁，才能真正返璞归真、回到自然、效法自然。

与道家的侧重点不同，儒家更多地强调“俭”的日常伦理的意义。孔子就特别指出：“君子惠而不费。”意思是说，君子给百姓以恩惠而自己却节用不浪费，这是最重要的美德；同时他还强调：“君子食无求饱，居无求安。”也就是说，吃饭不要求饱足，居住也不要求安乐舒适，反之就会浪费过多的粮食以及过度的土地资源，这样不节用的做法不是君子所为，如若统治者克制私欲、节用爱民，自然会得到人民的拥护与爱戴，实现富民强国。相反，欲望无限，就会酿成祸患。因此，孔子赞扬自己的爱徒颜回“一箪食，一瓢饮，人不堪其忧，回也不改其乐”，其实即表达了一种安贫乐道的简朴生活态度。

继孔子之后，孟荀也对勤俭的美德作了进一步的解释。孟子说："养心莫善于寡欲。其为人也寡欲，虽有不存焉者，寡矣；其为人也多欲，虽有存焉者，寡矣。"需要指出的是，"寡欲"并不是"禁欲"，也就是说，孟子并不反对人的物质欲望，毕竟否定一切物质欲望，也就否定了生存，只是在遇到"生"和"义"不能"兼得"的时候，君子将作出"舍生而取义"的选择；而在日常情况下，人们总是应当尽力权衡"欲"的多寡，随时提醒自己"多欲"的祸患，而要将"寡欲"视为自身生存的基本原则，同时作为自身心性修养的重要原则。这不仅是出于对一切自然生命的尊重，也是人之为人的"不忍人之心"的应然追求。虽然在实际生活中时时保持"寡欲"并不容易，但是随时以"寡欲"自省的人，即使仁义之心有所丧，也不会无所顾忌，而放任欲求的人即使仁义之心有所存，也难以起到约束作用。种种现实表明，人类的贪欲一旦对自然界造成难以弥补的破坏，最终都会遭到自然的报复。另有，荀子也提出"不夭其生，不绝其长"，强调人们可以利用肥沃的土地而生产富足的粮食，但同时要控制自己的欲望，因为人的欲望与生俱来并会不断膨胀，如果随意滥用自然资源，人类的生产也会受到影响，为此他进一步给出了方法和建议："强本而节用，则天不能贫。"也就是鼓励人们对自然资源采取保护性的开发和有节制的利用，其实质是主张通过提高对自然资源的利用率达到节约资源的目的，如此一来，自然资源不会枯竭，人也不会因资源问题陷入贫困，这就可以达到利用自然资源与爱护自然资源的平衡与统一。可以说，贤哲们虽然没有忽视“养形”，但无不将自身发展的根本和核心落实在“养心”上，而不论道家，还是儒家，都一致认为，“养心”的最好办法就是“寡欲”而不是“多欲”。

其实从历史上看，我们普遍解决温饱问题乃是近几十年的事情。在漫长的历史岁月中，贫困饥饿是百姓生活的常态，到20世纪80年代之后，中国百姓家庭的粮食才多起来。因此，老一辈还都怀揣着忍饥挨饿的记忆，也常常满足地慨叹：“现在真是好年景，天天可以吃白面馍！”其实，这些饥饿的经历都是值得我们珍视的，以此提醒自己，唯有勤俭持家，才能长久地保持丰衣足食。俗语说：“一粥一饭，当思来处不易；半丝半缕，恒念物力维艰。”就是提醒我们勤俭节约要从日常生活、穿衣吃饭做起，不能铺张浪费、不知道珍惜，要知道每一样东西背后都有人辛勤地付出，都来之不易。

同时，勤俭节约本身也有利于个人财富的积累。崇尚节俭意味着对艰辛劳作所创造的物质财富的珍惜，本身体现着对劳动的尊崇，节俭与勤劳互为表里。既勤且俭，就能不断地创造和积累财富。“奢靡之始，危亡之渐”，这是历史的深刻昭示。当然，节俭对富有的人同样有重要意义。很多时候，高调富人更易遭到非议，而保持节俭，用财富去做慈善，或再投资创造新价值，这不论对社会还是对自身，无疑都更有意义。

从社会整体发展看，勤俭节约本身也能带来积极的经济效益。首先，生产过程的节俭，意味着降低成本，提高效率，增强市场的竞争力；其次，节俭意味着资源的节约，有利于经济的可持续发展。我们在工作和生活中，是否注重节约每一滴水、每一度电、每一张

节约，从一滴水、一度电、一张纸做起

纸……往往是我们在不经意中就造成了诸多浪费。许多纸张只写了几个字就扔进废纸篓、白天亮着的电灯、卫生间水龙头哗哗流水、地上到处洒落的粮食……其实稍加注意，我们可以做得更好，但我们往往忽视了这些细节。节约每一滴水，日积月累，就可能节约一条江河之水；节约每一张纸，日积月累，就可能节约一片森林之木。

总而言之，一个没有勤俭节约精神的国家难以繁荣昌盛，一个没有勤俭节约精神的社会难以长治久安。国家如此，地方如此，个人也是如此。因此，我们要传承去奢崇俭、弃侈尚节的美德，坚决抵制虚荣消费心理和浪费观念，倡导勤俭节约、绿色低碳、文明健康的生活方式。

（三）绿色低碳、节俭有度

消费是每位公民和所有团体的共同行为，绿色消费是所有人践行生态文明建设的具体行动。绿色消费的核心内涵是以资源节约、环境友好为根本特征的消费方式，是加快转变经济发展方式和绿色转型的内在需要，是实现资源节约型、环境友好型社会的重要途径。推动形成绿色消费和生活方式，无疑是构建共建共治共享治理体系的有效举措。

其实，人们的衣、食、住都是自然界提供的，而自然资源不仅是宝贵的，而且是有限的，只有爱护自然，保护资源，与自然界和谐相处，同呼吸，共命运，人类才能长久。老子说：有什伯之器而不用，有舟车而不乘，有甲兵而无所陈。一个重要原因就是节约资源，减少浪费；同时如果能和平相处，没有战争，自然也用不着使用兵器。这就是从老子学说中得到的启示。

强调节俭，并不意味着吝啬，而是“适度”。宋代洪应明在《菜根谭》中云：“俭，美德也，过则为悭吝，为鄙啬，反伤雅道。”因此，古人所论之节俭，并非不用，也不是吝啬地“少用”，而是要把握“度”，当用则用，当节方节。具体消费生活中的“适度”标准，要根据社会经济文化的发展水平、个人经济收入的多寡而定。这种适度的智慧，在中国传统哲学中被称为“中庸之道”，这也是人与天地万物，与社会和自身相协调高明之处，所以现代新儒家冯友兰先生以“极高明而道中庸”为座右铭。

所谓“中庸”并不是折中主义，而是不偏不倚，恰到好处，适宜得当，有分寸。对此，北宋大儒程颐就解释说：“不偏之谓中，不易之谓庸。中者，天下之正道；庸者，天下之定理。”在消费生活中，要协调、兼顾人与自然、社会、身心的持续发展。这一思想并不是《中庸》一书独有的观念，而是作为中国哲学的一个核心思想普遍地体现在儒家、道家等典籍中。例如：《论语·尧曰》中指出，君子“欲而不贪”，其中一定程度上肯定了欲望的存在。欲望的存在是天性所在，而人的欲望一旦过度为贪念或贪行就不是君子所为。《孟子·梁惠王上》曰：“不违农时，谷不可胜食也；

数罟不入洿池，鱼鳖不可胜食也；斧斤以时入山林，材木不可胜用也。谷与鱼鳖不可胜食，材木不可胜用，是使民养生丧死无憾也。”《淮南子·本经训》有言：“焚林而田，竭泽而渔”，就是提醒训诫人们不能烧毁森林来捕捉野兽，不能排干湖水去捕捉鱼，如果只顾眼前的利益，无止境地索取而不留余地，那么，日后也就没有野兽和鱼类可供食用了。

“中庸”思想深刻地提醒我们，作为商品消费者，需要将绿色低碳、理性消费作为保持自身与自然、社会和身心和谐共生的生活方式。这不妨从我们日常的衣食住行开始。

日常饮食消费：切记要据食量定饭菜数量，无论在家还是去饭店，要根据食量和用餐人数确定饭菜数量，不讲排场，不攀比浪费，不暴饮暴食，珍爱粮食，尊重劳动，做“光盘行动”的践行者。烹饪过程中，尽量减少煎炒烹炸菜肴等多油、高热的食用方法，改为蒸煮等清淡少油的食用方法；此外，要随时注意调整火苗大小，尽量不超过锅底外缘，这不仅能节约燃气费用，还能取得最佳加热效果，因为火苗过大与过小一样，都会影响烹饪口味，用孔子的话说，这就是“过犹不及”。

日常衣物消费：要有意识地考虑如何能循环利用，尽量减少添置不必要的东西，而要使已经购买的衣物用品最大限度地发挥其价值。这一方面，应该继承旧衣物改造再利用的传统，这不仅能彰显个性，而且能增添生活情趣。例如，将旧羊毛衫裁成方形，当成坐垫填充物；把旧毛衣毛裤拆后的毛线织成小毛毯等，既不浪费旧物，而且可使生活充满艺术气息；还可以多积累一些生活小妙招，让一些废品发挥新价值，比如用废报纸擦玻璃，不留水渍，反而比很多“专业”商品效果好；废弃盒子稍加裁剪可制作成储物盒；把用过的塑料油桶洗净装上米、拧紧盖，不生虫；喝剩下的茶叶晒干，做成一个茶枕，既舒服又能改变睡眠质量。此外，日常购物要坚持使用环保袋，日常办公用纸尽量双面打印，尽量不使用一次性餐具、尽量购买包装简单的产品等。另一方面，需要以新的角度去核算一件物品的使用成本，培养经济实惠的消费观念，例如，如果我们花200元买一件外套，共穿着200天，那么这件外套的日均穿着费用是1元，但是如果我们花300元买了两件外套，看似平均150元一件更便宜，但实际上，每件外套的穿着次数会相应减少到100次，那么每件外套的日均穿着费用实质是1.5元，这就不便宜了。以此

日照市东港区生活垃圾分类工作专项小组办公室在海曲印象广场开展《山东省生活垃圾管理条例》宣传活动，进一步提高居民的垃圾分类意识，倡导绿色健康生活　　图片来源：日照市委宣传部提供

为例，我们应该从方方面面提醒自己精打细算，这自然会节省不少日常开支。

日常居住消费：减少装修的繁复性，拒绝暴力装修，理性控制装修预算，将装修资金优先投入到环保材料和节能设备的使用中，同时减少不必要的装饰，避免光色污染等，切忌购置不实用的家电、家具。日常清洁，比如扫地、拖地等，如无特殊情况，尽量人工完成，减少吸尘器的使用。

由于网络电商的迅猛发展，快递行业随之异常繁忙，由此也产生了诸多污染性的“副产品”。有统计表明，截至2022年末，我国快递业务量达到1105亿件，超过美、日、欧等发达国家和经济体的总和，由此引发的废弃物和其他环境污染问题凸显。同时，物流运输仍以传统燃油车为主，近2000万辆物流业车辆在消耗汽柴油的同时，也产生了大量污染物排放。近年来，蚂蚁森林、低碳军运等多个数字化平台在创新低碳生活引导工具和机制方面取得了一定成效，而在未来还将搭建统一适用标准的数字化绿色低碳生活方式平台，支撑所有消费者个体和团体的绿色低碳行为。

此外，我们在网购的时候也应该留意比较同等价格的产品的环保性能，而不是简单地追求名牌。近年已经有越来越多的消费者体现出这种意识，由此也促进了厂家对于环保材料的选用。例如某品牌产品的制作工艺显示：专业封闭系统可回收98%的制造使用水，使用工厂机器回收的热气自然烘干，制作产品产生的污泥运送到附近砖厂并用来制作砖块。这种环境友好型产品正渐渐成为消费者优先选择的对象。

日常出行消费：近距离尽量步行，或选择自行车，或公共交通，少用私家车。尤其是在上下班高峰时段，或节假日期间，交通往往非常拥堵，而且停车位极为难找，所以私家车经常不及公共交通便捷。开私家车不仅会过多耗油，而且平添路堵、难停车，还可能出现车辆刮擦、违反交规现象。当然，随着百姓生活要求的提高，很多家庭仍有购车的需求，那么选购汽车时，要在确保汽车的质量安全性能的前提下，尽量选购节能型环保汽车（比如油电混合动力汽车或纯电动汽车）。当前的插电式混合动力车综合续航里程可达 600 公里以上，1 公里就几分钱电费，非常环保节油，而且近些年不少地方为鼓励购买新能源车而免征车辆购置税，同时购买者可以享受一定金额的置换补贴。另外，由 4S 店免费提供充电桩，并为电芯提供终身质保，免费更换，免费上门安装，而且一些新建小区和商圈也配备一定数量的新能源车充电桩，可以利用外出购物、吃饭的时间进行充电，非常方便，因此也不存在充电不便的问题。应尽量选购经济型汽车或小排量汽车。随着能源的进一步紧张，小排量汽车

低碳生活，绿色出行

的优势日渐凸显——不但能降低对空气的污染程度，而且价格便宜，大大减轻了普通家庭的经济压力。此外，当前小排量汽车的技术含量越来越高，而且更为时尚、实用。未来，我国还将在汽车生产、购置、使用、回收等环节建立健全绿色消费与生产的支持政策体系。

总之，当前社会的绿色发展趋势，迫切呼唤我们每个人树立起绿色低碳、适度消费的生活理念，让绿色消费成为我们与自然、社会及自身实现和谐共生的一种基本途径。要从世界整体层面上倡导公众转变铺张浪费的消费观念和行为，逐步树立绿色消费的理念，了解生态环境恶化和能源危机的紧张形势，充分认识推广绿色消费的重要性和紧迫性，从而切实行动起来，采取有力措施，在全社会大力推广绿色消费，推动绿色发展。

基于这一理解，我们每个公民都应当将勤俭节约落实到日常生活的点点滴滴，从节约一张纸、一度电、一粒米开始，真正投入到绿色消费的行动中去，完成从观念到行为的跨越。届时，节俭绿色、和谐共生的消费生活方式，将是我们“厚道齐鲁地、美德山东人”最直观、最普遍的展现。

五、工作生活：“共建共享”的敬事之道

工作活动是社会发展与人类生存的现实基础和根本前提。社会上每一个正常的人，都是通过一定的工作活动来实现其生存发展与人生价值的。一个人的一生，至少有三分之一的时间与精力是花费在工作中的，尤其是在现代社会，人们多半时间是在工作中度过。

因此，工作生活已成为当代人日常社会生活的重要组成部分。当前，我们进入了新时代。新时代，新气象，对工作生活亦提出了新的目标与要求：通过倡导“共建共享”的敬事之道，充分发挥爱岗敬业社会主义核心价值观的指导与引领作用，弘扬中华民族自强不息、敬事尽责、团结奋进、勇于担当等传统美德，在促进共同富裕的过程中，自觉做到艰苦奋斗、开拓进取，以人人奋斗实现人人共享。具体来说，新时代“共建共享”的敬事之道，主要包括如下几方面的内容。

（一）爱岗敬业、忠于职守

爱岗敬业、忠于职守是“共建共享”敬事之道的基础与核心。爱岗，就是热爱自己的工作岗位，恪尽职守做好本职工作。这是社会对每个人工作态度的普遍要求。敬业，就是用严肃认真的态度对待自己的工作，勤勤恳恳，兢兢业业，尽职尽责。

爱岗与敬业在精神上是相通的，两者互为前提与基础。爱岗是敬业的基础，敬业是爱岗的表现与升华，不爱岗就很难做到敬业，不敬业也很难说是真正的爱岗。与此同时，没有忠于职守，也难言爱岗敬业。一个爱岗敬业、忠于职守的人，才会在自己的工作岗位上勤勤恳恳、一丝不苟，才有可能为国家与社会作出奉献。焦裕禄、孔繁森等一大批党和人民的好干部，在本职工作岗位上呕心沥血、勤政为民；新冠肺炎疫情来临，一大批医生、护士与科研人员，挺身而出，逆向而行，有人甚至为此献出了自己的宝贵生命。这都是爱岗敬业、忠于职守的优秀代表与体现。

中华民族历来有“敬业乐群”“忠于职守”的传统，敬业是中华民族的传统美德。《礼记·学记》曰：“敬业乐群。”朱熹曰：“敬业者，专心致志以事其业也。”就是说要对自己的学业，兢兢业业、毫不懈怠。这里的“业”，虽然意指学业，但也可扩而大之，指所从事的各种职业。孔子主张人在一生中要始终勤奋刻苦，为事业尽心尽力，用他的话来说，就是要“敬事”。《论语·子路》曰：“居处恭，执事敬，与人忠。”《论语·卫灵公》曰：“敬其事而后其食。”所谓“执事敬”“敬其事”，“事”是敬的对象，即事情、工作与任务，就是人做事时要具有勤勉尽责的责任意识，踏踏实实、认认真真。也就是今天我们所说的“敬业”。《论语》中对敬业精神的论述，可概括为四个方面的内容，即专注务实的敬业态度、忠于职守的敬业操守、热爱崇敬的敬业追求、勤谨尽责的敬业要求。孔子的敬业观为后世儒家所继承并予以发扬，如朱熹就说：“敬是主事，而言执事敬，事思敬”“专心致志，以事其业”。总之，自古以来，敬业就被认为是中华民族“君子”人格的核心要素之一，亦是干事、干成事、干大事的核心要素之一。

南宋大儒朱熹画像

敬业精神是一个国家、一个民族重要的文化资源。与传统时代爱岗敬业、忠于职守主要指向官员与知识分子、强调为帝王办事不同的是，新时代的爱岗敬业、忠于职守，面向的是每一个人，强调的是为整个国家与社会服务，爱并忠于自己的本职工作。今天，我们开启了全面建设社会主义现代化国家、向第二个百年奋斗目标进军的新征程，更加需要每个人保持爱岗敬业、忠于职守的敬业精神。立足平凡岗位，人人爱岗敬业、争先创优，“百职如是，各举其业”，集聚众力、众志成城，为社会主义现代化事业注入蓬勃生机与活力。为此，我们要在继承中华民族传统敬业精神的基础上，充分发挥社会主义核心价值观的指导与引领作用，力争使每一个公民都能养成爱岗敬业、忠于职守的职业精神与操守。

全国劳模、最美奋斗者时传祥

首先，要有热爱工作的职业情怀。“爱而不敬，非真爱也；敬而不爱，非真敬也”，爱之愈深，则敬之愈真。一个真正的敬业者必然会对职业具有热爱的情怀，而对职业的热爱又是敬业的深层动力。只有热爱自己职业的人，才会在工作过程中不断对自己的工作进行反思和完善，最终达到敬业之境；只有当大多数公民都能将热爱崇敬的敬业精神内化于心时，社会才能大发展，国家才能更富强。凡是有所成就的人，必是热爱自己事业的人。

其次，要有忠于职守的职业精神。没有忠于职守的职业精神，就不是真正的爱岗与敬业。“居之无倦，行之以忠”，要对所从事的工作不懈怠，并忠诚对待、一丝不苟。“居其位，安其职，尽其诚”，担任某个职位，承担某项工作，接受某项任务，负责某个项目，都有一种责任在里面。忠于职责，即自觉担当起岗位职能设定的工作责任，优质高效地履行各项义务；忠于操守，即为人处世与工作开展，必须要遵守一定的社会法则、道德法则和心灵法则。

再次，要具备勤勉尽责的职业态度。“态度决定一切”，端正的工作态度是做好工作的基础与前提。职业活动是人实现自我人生价值和社会价值的主要途径，职业责任是社会责任的具体体现。现代社会，一个人的生活是以其职业生活为核心的，职业就是他的第二社会身份，是其社会识别的显著标志，职业就是事业。勤勉尽责是每个人承载社会责任的基础，是落实爱岗敬业、忠于职守的重要体现与保证。为此，每个人都应当保持一种积极向上的工作态度，秉持锲而不舍的工作精神，履职尽责，努力开拓。

最后，要有精通业务的职业能力。一个职业水平低、业务能力差的人，一定不是一个爱岗敬业、忠于职守者。尤其是在科技日新月异、竞争日趋激烈的今天，各种新技术、新手段层出不穷，为此每一位职业工作者，都要有“活到老，学到老”的坚韧品性，保持“择一事终一生”的倾心专注，秉持“偏毫厘不敢安”的认真态度与“千万锤成一器”的工作韧性，努力钻研并不断提升个人业务能力。只有这样，才能真正做好本职工作，做到爱岗敬业、忠于职守。

（二）自强不息、不懈进取

自强不息、不懈进取是中华民族固有的一种精神特质。《易经·乾卦》曰：“天行健，君子以自强不息。”意思是说，天道永远处于周流不息、运转生化的过程中，君子也应该效法天道的刚健品格，发奋拼搏，积极进取，使有限的生命永不懈怠，获得永恒价值。具体来说，自强不息、不懈进取包括两个方面内容：首先，强调人应当刚健有为，积极进取；其次，追求“日新”和“不息”，永不懈怠，不断推陈与出新。儒家学派一直秉持“自强不息”的精神品格。如孟子就主张人无论在任何处境下都不应失去本心，并举舜、管仲、孙叔敖等人之例，称赞他们面对逆境能够“动心忍性”，并充分肯定了“富贵不能淫，贫贱不能移，威武不能屈”的“大丈夫”精神。

历史上，“自强不息”的观念，经历代思想家的阐发以及诸多志士仁人的躬身践行，逐步深入中国社会的各个层面。体现在每一个人发展完善提升自身生命的立身处世、德性修养中，所谓“士不可以不弘毅，任重而道远。仁以为己任，不亦重乎；死而后已，不亦远乎”，体现在仁人君子“人能弘道”“守死善道”“朝闻道，夕死可矣”的担当与觉悟之中，也体现在国家治理“善政”的“正德、利用、厚生惟和”中，体现在“大同社会”的理想之中，并最终积淀为整个中华民族的精神特质，成为中华民族生命有机体的重要组成部分，以至今天仍有极大的现实价值与意义。正如习近平总书记指出的：“自强不息、厚德载物的思想，支撑着中华民族生生不息、薪火相传，今天依然是我们推进改革开放和社会主义现代化建设的强大精神力量。”

自强不息、不懈进取，是一种永不止息的奋斗精神。奋斗，既是一种行为实践，更是一种精神特质，要顽强拼搏，积极进取，刚健有为，不管遇到多大的障碍都要有坚定的信念，就算再艰难也要努力走下去。奋斗又是具体的、实在的，不能只是响亮的口号，关键在于做好每一件小事、完成每一项任务、履行每一项职责，求真务实，真抓实干，脚踏实地。5000多年中华文明史，奋斗精神早已深深融入中华民族的血液之中。今天中国人民所拥有的一切，既是全体中华儿女的智慧结晶，更是中华民族的奋斗使然。习近平总书记曾在多个场合强调过中华民族的奋斗精神，如“幸福都是奋斗出来的”“世界上没有坐享其成的好事，要幸福就要奋斗”，在党的二十大报告中更是明确提出：“团结奋斗是中国人民创造历史伟业的必由之路”“新时代的伟大成就是党和人民一道拼出来、干出来、奋斗出来的”。天下事贵在有恒，所谓“世上无难事，只要肯登攀”“为之则难者亦易矣，不为则易者亦难矣”。2019年被评选为“最美奋斗者”的时传祥、任长霞、朱彦夫、孔繁森等278人，无不具备奋斗不止的精神特质。

自强不息、不懈进取，是一种充满韧性的精神。“韧”，就是看似柔软，实则坚实；韧性精神，就是执着、坚持与百折不挠的精神，就是锲而不舍的精神，就是坚忍不拔的精神，就是拼搏的精神。不因一时困难挫折而颓废，不因冷嘲热讽而灰心，不因光怪陆离的诱惑而放弃，不因小有成就而沾沾自喜、止步不前。在中国传统文化中，“韧”性精神主要是外向的儒家思想和内向的道家思想相结合的产物。如果说儒家思想代表了中华文明积极进取、勇于担当的阳刚一面，那么道家思想则反映出谨慎内敛、谦虚忍让的阴柔一面。两者一刚一柔，一张一弛，共同铸就了中华民族的“韧”

性特质。正是这种韧性精神，使我们安然度过历史长河中各种各样的困难与困境，生生不息，绵延不绝，历经一次又一次的灾难和变革而顽强延续至今。

中华民族具有5000多年延绵不断的文明历史，创造了光辉灿烂的中华文明，为人类社会和世界文明作出了卓越贡献。这一成就的取得，靠的正是一代代人自强不息、不懈进取的伟大斗争与实践。大禹治水，三过家门而不入，前后历经13载，最终平息了水患。孔子55岁始周游列国，虽屡次碰壁，屡遭磨难，却始终初心不改，儒家观念终成后世2000多年主导之思想，并在今天依然散发着耀眼的光芒。王羲之，勤奋好学，练笔不辍，天长日久竟将一池水洗成了墨色，终成一代之书圣。戚继光，饱读兵书，勤练阵法，与倭寇进行了长期、坚决的斗争，捍卫了东南沿海一带民众的生命与财产安全。李大钊，自青年时代就写下了“惟知跃进，惟知雄飞”的励志名言，用自己短暂的生命，谱写了中国革命史上的壮丽篇章。河南林州10万修渠大军，自带干粮、行李与工具，靠一锤、一钎、一双手，苦干10年，最终在万仞壁立、千峰如削的太行山上建成了全长1500多公里的“人工天河——红旗渠”……正是依靠一代代人的奋发图强与努力奋斗，才造就了中华民族的伟大文明、取得伟大成就。正如习近平总书记在十三届全国人民代表大会第一次会议上所说的那样：“中国人民是具有伟大奋斗精神的人民。在几千年历史长河中，中国人民始终革故鼎新、自强不息，开发和建设了祖国辽阔秀丽的大好河山，开拓了波涛万顷的辽阔海疆，开垦了物产丰富的广袤粮田，治理了桀骜不驯的千百条大江大河，战胜了数不清的自然灾害，建设了星罗棋布的城镇乡村，发展了门类齐全的产业，形成了多姿多彩的生活。中国人民自古就明白，世界上没有坐享其成的好事，要幸福就要奋斗。”

一个时代有一个时代的主题，一代人有一代人的使命。要做时代的弄潮儿，要适应时代潮流，就必须深刻把握、自觉回应时代的要求。只有依据时代的主题，自觉担负时代所赋予的历史使命，拼搏奋斗，才有可能书写出符合时代要求的壮丽篇章。今天，我们进入了新时代，“这个新时代，是承前启后、继往开来、在新的历史条件下继续夺取中国特色社会主义伟大胜利的时代，是决胜全面建成小康社会、进而全面建设社会主义现代化强国的时代，是全国各族人民团结奋斗、不断创造美好生活、逐步实现全体人民共同富裕的时代，是全体中华儿女勠力同心、奋力实现中华民族伟大复兴中国梦的时代，是我国日益走近世界舞台中央、不断为人类作出更大贡献的时代”。新时代伟大目标的实现与中华民族的伟大复兴绝不

“中国梦”系列邮票

是一件轻松的事情，有赖于广大人民群众的劳动奉献与劳动创造，离不开各行各业中每一个人的努力奋斗与不懈进取。因此，奋斗是新时代的鲜明特征，要接力奋斗、共同奋斗、顽强奋斗、艰苦奋斗。正如习近平总书记在党的二十大报告中所指出的那样："党用伟大奋斗创造了百年伟业，也一定能用新的伟大奋斗创造新的伟业。全党全军全国各族人民要紧密团结在党中央周围，牢记空谈误国、实干兴邦，坚定信心、同心同德，埋头苦干、奋勇前进，为全面建设社会主义现代化国家、全面推进中华民族伟大复兴而团结奋斗！"与此相适应，今天自强不息、不懈进取的主要内涵，就是全体国民为建设中国特色社会主义和实现中华民族伟大复兴中国梦而不懈奋斗。

自强不息、不懈进取，"自"是自强精神的主体与内在依托。马克思主义的基本哲学原理告诉我们，内因对事物的发展起决定性作用，尽管外因在某些时候对一个人的发展会起到非常重要的作用，但起决定作用的始终是内因。这要求我们每个人必须从自己开始，从自己的内心开始，开启一场自我变革与奋斗的心理革命，在内心牢固树立自强不息、不懈进取的思想观念与精神韧性。梦想不惮于远大，关键取决于行动，再远大的理想，再瑰丽的梦想，都需要一步一个脚印去实现。为此，每个人，既要有敢于梦想的理想主义、乐观主义精神，又要有脚踏实地、笃实力行的自觉。要把奋斗精神融于岗位、融于日常，脚踏实地、做实做细，从自己做起、从点滴做起、从身边手头之事做起，坚持不懈、奋斗不止。

（三）开拓创新、勇于担当

开拓创新，即运用已知的信息，不断突破常规，发现或创造某种新颖、独特社会价值的新事物与新思想。勇于担当，即敢于承担责任，在大事难事面前不回避，在大是大非面前勇于担责、知难而进、攻坚克难、积极作为。开拓创新与敢于担当，相辅相成：一个敢于开拓创新之人，必然是勇于担当之人；一个勇于担当之人，亦必然具有开拓创新之勇气。

中华民族自古以来就是一个崇尚改革、注重创新且敢于担当、勇于担当的民族。早在3000多年前，“新”就已经成为中华民族自我践行的重要命题，所谓“周虽旧邦，其命维新”。“生生之谓易”，《周易》从天人合一的角度，揭示了事物创新的本质与根源。“苟日新，日日新，又日新”“世异则事异，事异则备变”“苟利于民，不必法古；苟周于是，不必循俗”等箴言锦句，无不蕴含、表征着华夏儿女开拓进取、革故鼎新、涤秽布新、守正出新的改革特质与创新潜质。“忧国忘家，捐躯济难，忠臣之志也”，则是对勇于担当民族品质的表述与体现；“位卑未敢忘忧国”“先天下之忧而忧，后天下之乐而乐”，倡导为国尽忠、为民尽责的担当意识，不管自己的身份地位如何，忧国忧民的责任始终不能忘怀；“有益国家之事虽死弗避”“捐躯赴国难，视死忽如归”，透射出一种敢于担当、敢于挺身而出的民族气节。霍去病“匈奴未灭，何以家为”的豪言壮志，诸葛亮“鞠躬尽瘁，死而后已”的爱国情怀，张载的“为天地立心，为生民立命，为往圣继绝学，为万世开太平”的横渠四句……古圣先贤的嘉言懿行，生动诠释了中华民族敢于担当的内在禀赋。具体来说，所谓担当，即国家兴亡、匹夫有责的爱国担当，恪守孝悌、重视人伦的家庭担当，自立自强、勇担大任的个人担当。

回首中华五千年文明史，我们之所以能创造光辉灿烂的伟大成就，与中国古代先哲开拓创新、勇于担当的努力作为有着直接的关系。而中国共产党的百年奋斗史，更是一部坚持开拓创新、勇于担当的历史。回顾党的历史，我们之所以能够在千难万险中浴火重生，能够在艰难困苦中开创新局，能够在百年锻造中焕发生机，关键一点就在于坚持开拓创新，在于团结带领人民探索突破、奋力开拓、锐意进取、勇于担当，铺展开中国特色社会主义道路，成就了改变中国、影响世界的伟大事业。为此，党的十九届六中全会明确把“坚持开拓创新”作为党领导人民百年奋斗积累的宝贵历史经验之一。党的二十大报告中，“创新”一词出现了55次，“担当”一词出现了9次，这充分体现出“创新”“担当”的重要价值与意义。

创新是引领发展的第一动力，是一个民族进步的灵魂，是一个国家兴旺发达的不竭源泉，勇于担当则是开拓创新的重要表现与精神动力。今天，在“创新”“担当”层面，我们仍有许多需要注意或进一步努力之处。一方面，我们虽然已经是一个名副其实的创新大国，但还不是创新强国，许多“卡脖子”问题仍在制约着我们的发展，创新活力有待进一步鼓励与释放，创新质量有待进一步提升。据《2021年全球创新指数报告》显示，在创新能力上我国虽然连续9年稳步上升，却仍居第12位，与全球第二大经济体的地位还不相称。另一方面，随着社会生活水平的进一步提高，很多人过多地追求物质财富与娱乐至死的享受而忽视了精神层面的追求，创新意识亦有待进一步提高。

莫道前路多险阻，再闯关山千万重。正如习近平总书记在党的二十大报告中指出的那样："全面建设社会主义现代化国家，是一项伟大而艰巨的事业，前途光明，任重道远。"受国际、国内大环境的影响，我们将要面对的国际国内风险与挑战日趋严峻，前进道路上还有许多可以预料和难以预料的艰难险阻。面对这前所未有的复杂局面，我们比以往任何时候都更为迫切、更加需要弘扬改革创新、勇于担当的精神。我们要在继承、弘扬传统价值观的基础上，依据新时代的具体要求，在全社会弘扬与倡导开拓创新、勇于担当的价值理念。

张连钢（中）带领团队自主创新，建成了亚洲首个真正意义上的全自动化集装箱码头和全球首个"5G 智慧码头"，他带领的"连钢创新团队"获评"时代楷模"荣誉称号

图片来源：青岛市委宣传部提供

一方面，要大力弘扬积极进取、勇于创新的开拓创新工作精神。习近平总书记指出，抓创新就是抓发展，谋创新就是谋未来。创新的根本目的在于着眼未来，推向各项工作事业向更高、更快、更强的方向发展。

首先，要发扬“大胆试、大胆闯”的拓荒精神，努力在各项工作实践中探索前进，永不自满，永不懈怠，努力使工作体现时代性，把握规律性，富于创造性，坚持实事求是、与时俱进，打破陈旧的思维定势和条条框框的制度约束，坚决冲破一切妨碍科学发展的思想观念和体制机制弊端，不断增强辩证思维、战略思维、系统思维能力。

其次，要增强“勇向潮头立，敢为天下先”的创新意识。传承古代先哲与老一辈劳动者优良的创新精神，大力提高个人创新素质，不畏艰险、迎难而上，敢于说别人没有说过的话，敢于做别人没有做过的事，敢于思考别人没有思考过的问题，在工作中全方位地发挥创新思维引领、创新技能示范、创新精神辐射的影响力，以己之力，带动他人。

再次，要树立“改革不停顿、创新无止境、工作不止步”的实干作风与奋斗精神。把开拓创新作为一种常态，坚持一切从实际出发，保持锐意创新的勇气、敢为人先的锐气、蓬勃向上的朝气，努力奋斗，创新不止；争做勇于担当的实干家，把新发展理念切实体现到政策制定、工作安排与各项任务落实上，体现到经济社会发展的各领域、各环节中去，在各项工作中努力改革创新，在危机中育先机、于变局中开新局。

另一方面，要大力弘扬勇于担当的精神与意识。党的十八大以来，习近平总书记多次在讲话中强调责任担当与责任意识，并指出要深刻把握时代脉搏，提出了“培养担当民族复兴大任的时代新人”的伟大号召。据不完全统计，在习近平总书记的系列重要讲话和文章著作中，“担当”一词被提及100多次。虽然他的讲话主要是针对党员干部而言的，但“担当就是责任”，实际上对所有工作者都是适用的。按照习近平总书记的重要论述，担当精神，就是全心全意为人民服务的责任意识，就是为实现中华民族伟大复兴而不懈奋斗的使命意识，就是敢于面对困难、勇于克服困难的无畏品格，就是坚持原则、铁面无私、毫不妥协地与腐败现象和不良作风作斗争的亮剑精神。

首先，勇于担当是一种责任意识。古人云：“大事难事看担当。”敢抗大事、不畏难事是担当精神的核心和关键。勇于担当，就是要有魄力解决敢不敢的问题，在大事难事面前不回避，在大是大非面前知难而进、攻坚克难、积极作为，敢担过失、不推责任。坚持以问题为导向，善于发现真问题、化解新难题；从制约工作推进最突出的问题入手，以敬畏之心对待肩负的责任，敢于迎难而上，敢于挺身而出。

其次，勇于担当是一种信念与情怀。“苟利国家生死以，岂因祸福避趋之。”担当是一种历史的传承，每一个人都应树立勇于担当的信念与情怀，在实干与奋斗中有担当、有作为，主动扛起时代重任，在本职岗位上，真抓实干、踏实肯干。与此同时，勇于担当不是出风头，要防止个人风头主义。正如习近平总书记指出的那样：“敢于担当，是为了党和人民的事业，而不是个人风头主义，飞扬跋扈、唯我独尊并不是敢于担当。”

再次，勇于担当是一种本领与能力。“责重山岳，能者方可当之。”勇于担当不仅需要勇气与意识，还需要具备特定的能力。倘若水平不够、本领不高、能力不强，决心再大、斗志再高，也难干成事。面对新形势、新任务、新要求，要想在工作岗位上履职尽责、做出成绩，必须要克服能力不足的危险，突破想干事却不会干事的“瓶颈”束缚，锤炼过硬工作本领。

（四）共同奋斗、共享富裕

任何一个基于共同体的社会组织，都需要共同努力、共同奋斗、共同建设。按照马克思主义的基本原理，对一个共同体来说，共同奋斗是其基本属性与根本前提。把“共同体”拆开来讲，“同”就是共融共生、和合大同；“体”则是结构系统，是一种系统状态，不单纯是相互间的关系，而是和人体一样，是一个系统，不是头就是头、脚就是脚，而是说头和脚是一个完整的系统。而保持这一结构运作的根本方法就是“共同”，就是系统的不同组成部分一起干、共奋斗。

共同奋斗是共同体的基本属性与根本前提。国家是社会之上的最大的共同体，一个国家的繁荣与发展，离不开每个个体的共同努力与奋斗。但共同奋斗并非各行其是，而是要相互协调共进、团结一致。团结是铁，团结是钢，团结就是力量。团结是中国人民和中华民族战胜前进道路上一切风险挑战、不断从胜利走向新的胜利的重要保证。

中华文化源远流长，其中蕴含着丰富的团结协作思想与理念。早在春秋战国时期，不同学派就分别以不同的路径实现对团结的追求，如儒家主张以“仁政”求团结，道家主张以“无为”求团结，墨家主张以“兼爱”求团结。虽各家路径不同，但都强调团结的重要性，认为团结协作既是人的一种内在品质要求，亦是外在行为方式的重要准则。以传统时代占主导地位的儒家思想为例，其中庸之道、民本主义、和谐主义等，无不蕴含着对团结协作精神的追求。在几千年的发展历程中，这种团结协作思想对民众认知与观念产生了深远影响，所谓“人心齐，泰山移”“芦柴成把硬，大家拾柴火焰高”“单丝不成线，孤木不成林”“杂草多的地方牛羊壮，群众多的地方智慧广”“一人难挑千斤担，众人能移万座山”。

党的十九大报告指出，当前中国特色社会主义进入新时代，社会主要矛盾已经转化为人民日益增长的美好生活需要和不平衡不充分的发展之间的矛盾。基于这一判断，以习近平同志为核心的党中央明确提出了“共享发展”的理念：“共享是中国特色社会主义的本质要求。必须坚持发展为了人民、发展依靠人民、发展成果由人民共享，做出更有效的制度安排，使全体人民在共建共享发展中有更多获得感，增强发展动力，增进人民团结，朝着共同富裕方向稳步前进。”在系列重要讲话中，习近平总书记更是多次阐述了共享发展的理念与问题，概括起来，其内涵主要有四个方面，即全民共享、全面共享、共建共享、渐进共享。

共享发展的最终目标是实现共同富裕。共同富裕是社会主义的本质要求。中国共产党的奋斗史，就是一部追求全体人民共同富裕的探索史。新中国成立之初，毛主席就提出了我国发展富强的目标，指出：“这个富，是共同的富，这个强，是共同的强，大家都有份。”

进入改革开放时期，邓小平同志明确指出：“社会主义最大的优越性就是共同富裕，这是体现社会主义本质的一个东西”“共同富裕是社会主义不能动摇的原则”。党的十八大以来，以习近平同志为核心的党中央把逐步实现全体人民共同富裕摆在更加突出的位置，打赢脱贫攻坚战，全面建成小康社会，为促进共同富裕创造了更为坚实的物质基础。习近平总书记强调，在中国式现代化新道路上实现的共同富裕，是全体人民的富裕，是人民群众物质生活和精神生活都富裕，是人人参与、人人尽力、人人享有的富裕。这深刻揭示了共同富裕的时代特征，昭示了人类文明新形态的价值追求。

2021 年全国两会审议通过的“十四五”规划和 2035 年远景目标纲要提出，到 2035 年，“全体人民共同富裕取得更为明显的实质性进展”，在“改善人民生活品质，提高社会建设水平”部分强调，“扎实推动共同富裕”。2021 年政府工作报告明确，“持续增进民生福祉，扎实推动共同富裕”是我国“十四五”时期经济社会发展主要目标和重大任务之一。当前，我国已到了扎实推动共同富裕的历史阶段。但应该看到，我国发展不平衡不充分问题仍然突出，城乡区域发展和收入分配差距较大，新一轮科技革命和产业变革也对就业和收入分配带来一些负面影响，必须把促进全体人民共同富裕摆在更加重要的位置，深刻把握实现共同富裕的长期性、系统性和整体性特征，统筹协调，弘扬奋斗精神，不断凝聚共识和力量，创造人人参与、各尽所能、各尽其责的良好社会环境，激发奋斗者不懈奋斗的动力和活力，形成共同创造美好生活的良好社会氛围。

共同富裕的路子应当怎么走？如何才能从蓝图变为现实？2021年底召开的中央经济工作会议明确提出，要正确认识和把握实现共同富裕的战略目标和实践途径，强调实现共同富裕目标，首先要通过全国人民共同奋斗把“蛋糕”做大做好，然后通过合理的制度安排把“蛋糕”切好分好。这为扎实推动共同富裕指出了方向、凝聚了共识。一方面要深刻认识到，促进共同富裕是长期、艰巨、复杂的任务，这是一个长期的历史过程；另一方面也要看到，共同富裕是全体人民的富裕，是人人参与、人人尽力、人人享有的富裕，归根结底要靠全体人民共同奋斗，遵循经济社会发展规律，循序渐进，脚踏实地、久久为功。

幸福生活都是奋斗出来的，共同富裕要靠勤劳智慧来创造。艰难方显勇毅，磨砺始得玉成。人民是实现共同富裕的主体力量，既是共同富裕的创造者，又是共同富裕的共享者。在实现共同富裕的道路上，只有人人参与、各尽其能，才能实现人人享有。回首过往，正是亿万人民胼手胝足、拼搏奋斗，实现了中华民族从站起来、富起来到强起来的伟大飞跃，历史性地解决了绝对贫困问题，让全面小康的梦想照进现实。展望未来，实现共同富裕依然需要全体人民携手并肩，共同拼搏。当前我国发展进入了新阶段，在新起点上接续奋斗，推动全体人民共同富裕取得更为明显的实质性进展，任务更加艰巨繁重。要解决好不平衡不充分的发展问题，聚焦人民群众“急难愁盼”的现实问题，必须进一步增强紧迫感、责任感，拿出踏石留印、抓铁有痕的韧劲，汇聚共同奋斗的磅礴伟力，以实现人民群众对美好生活的更高期待。

第三编 如何践行新时代美德健康生活方式

要倡树新时代美德健康生活方式，就必须突出乡村、社区、学校、机关、企业五个重点领域，将其融入乡风民俗、融入文明建设、融入立德树人全过程、融入模范机关建设、融入行业行规，努力加强理论研究支撑、强化基层党组织作用、深化拓展新时代文明实践、提高基层综合治理水平、加强诚信体系建设、注重舆论宣传引导，让新时代美德健康生活方式真正落地见效，成为人们的日常行为习惯。

一、基层乡村：融入乡风民俗

国务院2018年9月印发的《乡村振兴战略规划（2018—2022年）》中提出："坚持以社会主义核心价值观为引领，以传承发展中华优秀传统文化为核心，以乡村公共文化服务体系建设为载体，培育文明乡风、良好家风、淳朴民风，推动乡村文化振兴，建设邻里守望、诚信重礼、勤俭节约的文明乡村。"党的二十大报告特别强调，要"实施公民道德建设工程，弘扬中华传统美德，加强家庭家教家风建设”，“推动明大德、守公德、严私德，提高人民道德水准和文明素养”。

乡村是社会结构最基本的构成要素，村居环境的提升、村民素质的提高、乡村文化的传承、乡村文化生活的丰富以及乡村基层治理的改善，是新时代中国特色社会主义思想在乡村发展中的具体展现。而在新时代将美德健康生活方式融入乡风民俗，使得乡村真正由人们急于逃离的所在地逐渐发展转变为人人向往、愿往的宜居村落，需要在美丽宜居乡村建设、移风易俗文明风尚、乡村传统文化保护传承、搭建多元平台载体丰富乡村精神文明生活、优化基层乡村治理即推进农村志愿服务有效展开等方面下足功夫。当前，山东省委、省政府严格落实国家关于农村治理的相关政策文件，在配套政策制定、创新实践等方面积极探索，为美德健康生活方式在基层乡村的推广提供了宝贵的实践经验。

淄博市敬仲镇呈东村地方气息浓郁的文化墙

图片来源：淄博市委宣传部提供

（一）推进美丽宜居乡村建设

将美德健康生活方式融入美丽宜居乡村建设中，乡村环境的综合整治是基础工作，应做到以城乡环卫一体化建设确保乡村环境卫生状况不断提升，全力推进“五化”（镇村道路全部硬化、亮化、净化、美化、绿化）、“四改”（改水、改厨、改厕、改栏圈）、“三通”（通自来水、通电话、通有线电视）、“两处理”（实现城乡垃圾处理和污水处理一体化），切实加快农村人居环境的改造。山东省于2016年印发了《关于深入推进供给侧结构性改革的实施意见》，要求推进农村改路、改电、改校、改房、改厕、改水、改暖的“七改”工程，努力建设美丽生态宜居乡村。

推进乡村道路“五化”建设。乡村道路的硬化、亮化，与居民的基本生活质量息息相关，更与农业生产、农村经济发展关系密切。要打通乡村致富的硬通道，推动道路的硬化与亮化，使得居民的生产生活更加便利。具体讲，硬化道路应尽快实现户户通，针对农村道路制定更加合理的限宽限高政策，对农村道路进行加宽升级，加快农村道路的美化、绿化，为居民提供更加洁净的出行道路。

加强乡村“四改”“三通”建设。如果说道路硬化关系着农村经济发展质量的提高的话，那么，危房改造、厕所改造、清洁取暖改造以及农村道路升级改造等则与人们的身体健康状况及日常生活质量的改善密切相关。比如，厕所是衡量一个社会文明程度的重要标志，改善提升厕所的卫生状况直接关系到村民的身体健康与生活环境状况。习近平总书记曾就“厕所革命”作出重要指示，强调要发扬钉钉子精神，采取有针对性的举措，一件接着一件抓，抓一件成一件，积小胜为大胜。2019年5月30日，农村人居环境整治暨“厕所革命”现场会上提出，要按照党中央、国务院决策部署，全面深入推进农村人居环境整治，大力开展农村“厕所革命”。随着社会经济发展，在农村推广清洁取暖势在必行。山东省在乡村环境提升方面做了大量努力，推进“厕所革命”取得巨大成效，全省近3年共建设农村无害化卫生厕所1075万户，约占总户数的72%，新建改造“四好农村路”4.3万公里，改造农村危房17.2万户，510多万农户实现清洁取暖，整体上极大提升了乡村居民的生活环境。

构建城乡环卫一体化系统。不同于城镇完备的垃圾处理系统，基层农村的生活垃圾、厨余垃圾以及难以降解的白色垃圾很难得到有效处理，垃圾处理过程中存在着垃圾处理设施与人员配备严重不足，垃圾处理方式过于单一等问题，易导致集中污染或二次污染。环境卫生保护意识不强，存在“干部干，群众看”的现象。基于此，应在大力宣传提升群众环保意识的基础上，实施城乡环卫一体化措施，提高乡村垃圾处理资金配备，在每个村庄设立保洁员、垃圾收集桶和垃圾集中收纳点，定期进行卫生清扫和垃圾收集处理工作，为村民营造干净卫生的生活环境。

山东省在乡村卫生提升方面做了很大努力，于2016年首批通过全国农村生活垃圾治理验收。目前，全省85%的乡镇和街道实现城乡环卫一体化、市场化，乡村生活垃圾焚烧处理率在75%左右，乡村生活污水治理率达到23.96%；“户集、村收、镇运、县处理”的城乡一体化的垃圾收运处理体系，取得了良好的效果和经验，获评国务院“农村人居环境整治成效明显激励省”。山东省的基层乡村环境整体得到极大提升，形成了美丽宜居乡村的雏形，为新时代美德健康生活方式的推广奠定了良好基础。

（二）倡树移风易俗文明风尚

习近平总书记指出："要按照社会主义核心价值观的基本要求，健全各行各业规章制度，完善市民公约、乡规乡约、学生守则等行为准则，使社会主义核心价值观成为人们日常工作生活的基本遵循。"在基层乡村倡树文明新风尚，推广美德健康生活方式，人是关键主体，应以个人修身为起点，并在良好家风、文明乡风、淳朴民风等方面多下功夫，使得整个乡村的道德生态焕然一新，为美德健康生活方式的构建提供精神资源。

自律助人以修身。东汉许慎所著的《说文解字》解释说："人，天地之性最贵者也。"人作为国家社会的主体，其个人品德修养程度对社会集体乃至国家的发展有着重要的影响。个人品行修养首先要有严格的自律意识，所谓"吾日三省吾身：为人谋而不忠

聊城市茌平区移风易俗活动之公益集体婚礼

图片来源：聊城市委宣传部提供

乎？与朋友交而不信乎？传不习乎？”曾子作为孔子的得意门生，有着极强的自律意识，每天都要做自我检讨：替别人办事是否尽心竭力了？与朋友交往是否做到了诚实守信？有没有用心复习功课？在儒家看来，反省是很好的修养手段，通过这种方法，人们可以找到自身的不足，并及时加以改正，不断提升自身思想修为和道德境界，在反思中不断完善自己的人格，而优秀的道德人格也是人们不断提升自身行为修养与积极健康生活情趣的基础。在基层乡村推行移风易俗的新风尚，首先要帮助人们提升自律意识。

个人品德的提升与良好家风关系密切。“忠厚传家久，诗书继世长”是中国古代家风世代传承的真实写照。家风在很大程度上决定了一个人的处世态度，更是每个人精神成长的重要源头。优秀的家风不以家庭收入、父母学历为标准，而是以父母的德性修养为根本，这也是儒家看重个人道德提升的原因之一。若人人都有优良家风传世、都以自我品格完善为处世的最终目的，良性循环之下，淳朴民风与文明乡风便是自然而然的结果。

构建乡村道德提升体系。在新时代背景下，为倡树移风易俗文明新风尚，在基层乡村倡树美德健康生活方式，一是要进一步修订村规村约，弘扬文明新风，破除陈规陋习，将倡树美德健康生活方式、践行社会主义核心价值观等内容写入村规民约，自觉践行健康文明科学的生活方式。二是要进一步推进“四德工程”建设，持续在乡村建立善行义举“四德榜”，使乡村道德建设更加规范化、生活化、具体化。三是要提高优秀传统文化对新时代道德新风尚养成的促进作用。传统儒家的道德修养理论、优良家风传统、修齐治平的社会责任理念，在倡树新时代美德健康生活方式中都能发挥切实的养成作用。如山东曲阜，秉承“乐道尚和”儒家礼乐传统与治理智慧，引入“一站两会三院六艺”社区模式，营造乐和治理、乐和礼义、乐和生计、乐和人居、乐和养生五位一体的城乡社区家园，对整个乡村的道德和生态建设都起到极大的推动和引领作用。

配套政策护航文明新风尚构建。为深入贯彻落实《关于进一步加强新形势下农村精神文明建设工作的意见》，山东省于 2011 年 6 月专项印发了《关于在全省农村实施“乡村文明行动”的意见》，提出在全省范围内实施“乡村文明行动”首个五年计划。2016 年，山东省被确定为全国农村乡风文明建设中移风易俗试点省份，印发《关于进一步深化乡村文明行动的实施意见》，确定在“十三五”期间继续深入实施乡村文明行动。2018 年 4 月，山东在全国率先推出《乡村振兴战略规划（2018—2022 年）》和乡村产业、文化、生态、人才、组织振兴五个方案，配套推出涉农资金、产业发展、基层组织建设等具体政策，构建起多元一体的乡村振兴制度体系。近年来，山东开展乡村振兴“十百千”试点工程，“乡村文明行动”迎来以“打造乡村振兴的齐鲁样板”为目标的升级 2.0 版，而基层乡村在产业、文化、生态、民风民俗等各领域的切实提升，为倡树新时代美德健康生活方式提供了保障。

（三）加强乡村传统文化保护传承

近几年来，建设“望得见山、看得见水、记得住乡愁”的生态宜居美丽乡村成为人们越来越广泛的共识，而“乡愁”的具体载体则落在了乡村传统文化上。习近平总书记指出："要保护弘扬中华优秀传统文化，延续城市历史文脉，保留中华文化基因。"新时代下，对中华优秀传统文化，我们应当坚持在继承中发展、在发展中继承，有鉴别地对待、有扬弃地继承，致力于创造性转化和创新性发展。这对于山东乡村历史文脉包括文物古迹、历史文化名村名镇、非物质文化遗产等的保护传承，可谓意义重大。

将乡村传统文化融入生产生活。要推动乡镇村志的编修工作，深入挖掘乡村历史文化价值，提炼精选一批凸显乡村文化特色的经典性元素和标志性符号。挖掘整理乡村传统建筑文化，加强"生态宜居美丽乡村"文化建设，发掘和保护一批处处有历史、步步有文化的小镇和村庄。实施中国传统节日振兴工程，丰富春节、元宵、清明、端午、七夕、中秋、重阳等传统节日文化内涵，形成新的节日习俗，让村民在传统节俗中感受健康美德生活方式的积极作用。加强对传统历法、节气、生肖和饮食、医药等传统文化资源的研究

泰安市泰山区徐家楼街道大官庄社区举办九九老人节活动

图片来源：泰安市委宣传部提供

阐释、活态利用，使其蕴含的有益文化元素深度嵌入乡村百姓生活之中。实施乡村文化产业精品工程，深入挖掘乡村生态、文化、民俗等资源，积极统筹乡村优秀传统文化传承与文化内涵阐发，引导利用古村落、古街区发展文化产业项目，将乡村优秀传统文化的潜在资源价值转化为现实的乡村产业优势和经济优势，积极推动传统文化融入乡村产业发展，不断提升乡村经济发展质量与民众生活质量。

加大乡村传统文化的宣传教育力度。一方面，综合运用各类载体、融通多媒体资源，统筹宣传、文化、文物等各方力量，大力彰显乡村文化魅力。加强村民礼仪教育，在传统节庆活动中体现仪式感、庄重感、荣誉感，树立礼仪之邦的良好形象。把乡村优秀传统文化思想理念体现在社会规范中，与制定乡规民约、学生守则相结合。广泛开展乡村文明家庭创建活动，挖掘和整理家训、家书文化，用优良的家风家教培育乡村青少年。挖掘和保护乡土文化资源，建设

2021 年 9 月，烟台市举办“家国情”中秋诗文朗诵会，迎中秋颂祖国　　图片来源：烟台市委宣传部提供

新乡贤文化，培育和扶持乡村文化骨干，提升乡土文化内涵，形成良性乡村文化生态，让子孙后代记得住乡愁。积极举办以中华文化为主题的青少年夏令营、冬令营以及书写诵读中华经典等交流活动，增强乡村民众的国家认同、民族认同和文化认同。另一方面，充分利用乡村各类公共设施和场所，发挥传统媒体和新媒体的作用，推进乡村传统文化的宣传教育和社会大众传播。在山东省各乡村小镇推进实施乡村儒学计划，推动有条件的乡镇综合文化站、农村基层综合性服务中心设立儒学讲堂，定期讲授优秀传统文化，为村民践行新时代美德健康生活方式提供精神文化资源。

以乡村传统文化滋养乡村教育。发展乡村教育既是实施乡村振兴的内在要求，也是倡树美德健康生活方式的主要内容与出发点。当前，随着城镇化进程的加快以及城乡教育发展不均衡问题日渐突出，大量农村人口进入城市生活，带走了大批农村学龄群体，使得乡村学校生源大面积流失，乡村教育在校区的不断撤并中面临着严峻的生存困境，乡村教育质量亟待得到有效提升。要以乡村振兴为背景，以乡村优秀传统文化为资源来滋养乡村教育，通过资源配置、政策扶持和制度建设促进城乡教育融合发展，提升乡村教育整体质量，争取把基层乡村教育办成“在农村”“富农村”“为农民”的教育，推进新时代美德健康生活方式的践行。

以美德健康生活方式规约乡村传统文化的保护传承，让优秀传统文化全面融入、滋养乡村教育是必然之路。围绕立德树人这一根本任务，应将乡村优秀传统文化全方位融入乡村道德教育、文化知识教育以及社会实践教育的各个环节，贯穿于启蒙教育、基础教育与职业教育等各个领域。积极在乡村开展“少年传承传统美德”系列教育活动，开展“国学小名士”“传统美德经典诵读”等主题活动，让乡村优秀传统文化切实融入学生教育生活的各个环节和领域。

（四）搭建多元平台载体

在基层乡村倡树新时代美德健康生活方式，搭建多元的平台载体，是丰富乡村民众的精神文明生活的必然途径和发展目标。随着社会经济文化发展，现代农村民众的生产生活方式和精神文化需求呈现日趋多样化的发展趋势。为更好满足乡村民众的多样化需求，在食住行及文化生活等各个方面提升乡村精神文明层次和水平，需要从以下几方面下功夫。

推进“新乡村　新生活”文化培训平台建设。着力构建由相关领域专家学者和志愿者组成的“新乡村　新生活”讲师团，针对乡

滨州市无棣县“大风车亲子行动”志愿服务活动

图片来源：滨州市委宣传部提供

村民众及家庭开展家居美化净化、家庭伦理道德、身心保健、文化娱乐、亲子教育等方面的知识和技能培训，为广大农民群众提供实用性和生活性的知识，有效引导美德健康生活方式养成和村民道德素养提升。一方面通过培训不断提升村民对夫妻关系稳定、亲子和睦、家居整洁重要性的关注度。通过案例讲解等授课方式让村民了解到良好的夫妻关系是营造良好家庭氛围、实现整个家庭良性发展的关键，子女并非父母的私有财产，而是独立个体，父母与子女之间应形成健康的亲子关系，以利于家庭与子女的长远发展。另一方面，帮助村民构建良好的邻里关系。做到大家互帮互助，共同进步，共同构建美丽健康新生活。

深入实施“文化惠民、服务群众”工程。文化惠民工程是一项惠及全国人民、普及大众文化的重大工程，是倡树美德健康生活方式的有效手段，也是不断满足乡村民众文化生活需求、提高乡村精神文明建设的有效途径。它主要包括广播电视村村通工程、全国文化信息资源共享工程、农村电影放映工程、农家书屋工程和电视进万家工程等重点项目。落实到山东省新农村建设的实践当中，又有因地制宜的新实践和新经验。一方面，要加大资金投入，加强农村文化活动场所和基础设施建设，实现文体广场、文化大院、农家书屋等文化平台建设的村村全覆盖，为乡村民众提供基本的文化设施设备。另一方面，积极组织和扶持形式多样的乡村文化活动，总结当前全省免费送戏的成功经验，整合全省“一村一年一场戏”工程及各级党委政府免费送戏下乡政策，以灵活多样的组织形式，开展免费送戏下乡活动。通过各种文化惠民活动的开展，不断提升群众的

菏泽市地方戏曲传承研究院枣梆公益惠民演出

图片来源：菏泽市委宣传部提供

文化素养，为倡树新时代美德健康生活方式提供文化支撑。

山东省向来重视文化惠民活动，制定了专门的配套政策并严格执行。仅 2018—2019 冬春文化惠民季，全省即开展文化惠民活动 5.3 万多场次，参演人数达 461.1 万人次，惠及群众 1696 万人次，不仅丰富了人们的精神生活，也大大提升了人们的道德素养。

继续深入实施“乡村记忆”工程。乡村文化遗产是乡村历史的文化根脉，也是倡树新时代美德健康生活方式、丰富乡村精神文明生活的活态文化资源。坚持因地制宜，多元发展。充分尊重生态环境、历史文化、人口资源和经济发展等方面的差异性，科学确定城镇化发展目标，因地制宜，分类指导，突出个性，多元发展，打造魅力城镇，走具有浓郁地方特色的城镇化路子。强化乡村优秀文

淄博“天上的村落”牛记庵古村落保护性开发让古村落换新颜　　　　图片来源：淄博市委宣传部提供

化的传承发展，推动文化繁荣发展，突出城乡风貌特色；突出城镇文化特色，打造城镇品牌，提升城镇品位；注重城镇和村落的历史文化遗产保护、非物质文化遗产发掘保护和民间艺术传承，弘扬传统文化和地域文化特色，提升城镇村落文化内涵。采取兴建有地方特色的博物馆、村史馆等方式，整理乡村历史、保留乡村记忆、留住眷恋乡愁，改变山东新农村建设“千村一面”、缺乏特色的弊端，让基层群众有更多的历史文化归属感和获得感，不断推动整个乡村文化的繁荣发展。

（五）优化基层乡村治理

新时代背景下，实现基层乡村的有效治理是乡村振兴的重要内容，而在基层乡村倡树美德健康生活方式，则能有效优化基层乡村治理模式。乡村有效治理的主要任务，包括完善村党组织领导乡村治理的体制机制、发挥党员在乡村治理中的先锋模范作用、规范村级组织工作事务、增强村民自治组织能力、全面实施村级事务阳光工程、实施乡风文明培育行动、发挥道德模范引领作用、加强农村文化引领、推进法治乡村建设、加强平安乡村建设、加大基层小微权力腐败惩治力度、加强农村法律服务供给、支持多方主体参与乡村治理、提升村镇为农服务能力等，涉及乡村党的建设、环境治理、基础设施建设、文化服务体系、乡风文明建设等多个领域。

1. 强化人才队伍建设等各项工作保障。倡树美德健康生活方式，优化基层乡村治理，人才队伍建设是关键中的关键。政策制定后，创新实践的高质量完成需要有高素质的执行者来落实。因此，应特别关注乡村人才资源的强化，充分发挥好驻村第一书记、驻村干部等人才群体的带动效应，提供相应的资金支持，聚合、吸引各类人才资源（如农村致富能手、高校毕业生、退役军人等）回乡，以充实乡村基层治理力量，为乡村基层治理发挥积极作用。

在人才配备到位的基础上，有计划、分层次地对乡村干部进行治理能力培训与提升。加强乡村社会安全的综合治理，落实治理经费，做好设施装备保障，落实平安建设领导责任制。加强农村警务工作，大力推行“一村一辅警”工作机制，开展智慧农村警务室建设。依法加大对农村非法宗教活动、邪教活动打击力度，制止利用宗教、邪教干预农村公共事务，大力整治农村乱建宗教活动场所、滥塑宗教造像。进一步激励乡村干部在新时代勇挑重担，敢于作为，鼓励各地依据乡俗民情创新乡村治理机制。组织开展乡村治理示范村创建活动，选树乡村治理先进典型，营造良好的舆论氛围。

2. 着眼群众需求，构建特色志愿服务团队。倡树美德健康生活方式，构建农村志愿服务体系，推进志愿服务工作的有效展开，在一定程度上能够弥补乡村公共服务的不足，优化基层乡村治理模式。

“十里不同风，百里不同俗，千里不同情。”各村都有自己独特的风情民俗，对志愿服务的要求自然也各不相同。以村落民风民俗为背景，着眼不同村落民众的切实需求，构建特色志愿服务团队，是优化基层乡村治理模式的有效途径之一。比如，东营市推广村民互助和城乡结对共建模式，打造“5+N”（党员先锋、文化娱乐、移风易俗、村容治理、矛盾调解）农村志愿服务队伍，建成志愿者队伍1900余支、村（社区）实践互助组织4985个。威海荣成市聚焦农村群众需求，整合区域志愿服务力量，搭建了新时代文明实践中心云平台，同步建立起“部门专家团队＋城区专业团队＋镇村团队”三级志愿组织体系，实行错位服务、全域覆盖。德州市庆云县自2017年6月始，启动了“三帮一”文明实践扶贫助学项目。即由一名干部、一名教师、一名社会爱心人士结成文明实践志愿者帮扶组，共同结对帮扶一名贫孤学子，从学龄前到大学全程给予亲情陪护、心理教育辅导、物质救助。淄博市淄川区北坪村针对当前农村赡养老人和扶贫济困等现实问题，以贫困老人、残疾人等弱势群体为重点服务对象，弘扬“老吾老以及人之老”“远亲不如近邻”等传统美德，成立“守望相助”志愿服务队，因地制宜地开展经常性、面对面的文明实践活动，把志愿服务做进家庭，通过帮助群众解决实际困难、为民办实事，把党的温暖送到百姓心田。

3. 推广数字化技术在乡村治理中的应用。数字技术的不断发展推动着社会治理体系的变革。当前，在基层乡村倡树美德健康生活方式，以数字技术助力基层乡村治理优化，推动乡村治理体系变革意义重大。

基层乡村治理主体包含党、政府和农村居民，客体则涵盖了经济、政治、文化、生态等多个领域，这就决定了数字化技术的赋能作用在乡村治理中应当走多元化的路线，将“自上而下”的治理思维和“自下而上”的治理需求相结合，让村民能有更多的话语权；而网络化治理正是要通过数字技术建立一个多元参与的平台，让更多村民能够作为乡村治理主体发言。与城市数据系统的统一性不同，乡村生产、生活、政务等数据存在着低质混杂等问题，需要数字技术将相关数据更高效聚合、分析，以提高决策效率。

数字赋能乡村治理，能够让政策实施更高效。每户村民都可以通过手机了解到村内的最新动态，小到水电缴费、水管修理，大到

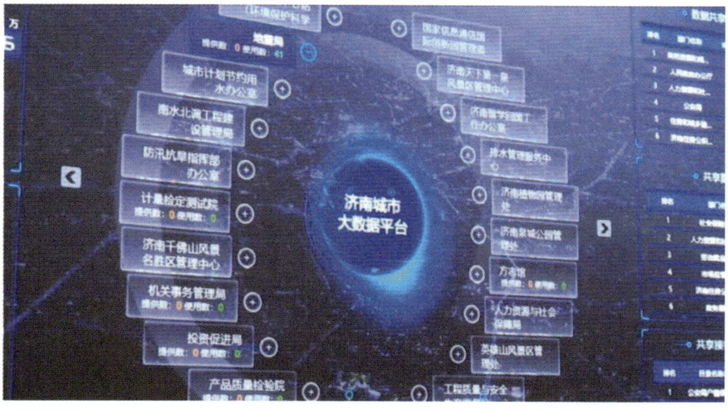

为建设数字强省，山东以政府令推动数据汇聚、共享和开放，并由大数据主管部门牵头，建设省市一体化大数据平台　　图片来源：大众网

村镇会议、政务办理等。看似在处理一件件独立的事情，实际上是对治理主体、治理客体和治理方式的整体变革。在这个过程中，虽然面临各种挑战，但村民参与乡村治理的可能性与积极性都会显著提高。

二、城乡社区：融入文明建设

随着经济社会的发展，城乡居民的生活空间以及社会生活中的人际交往关系都发生了巨大变化，突破了以往的“血缘性”聚居与“单位制”聚居，并逐渐形成了以城乡社区为主要载体的日常生活交往模式。同时呈现出比较明显的行为主体“原子化”“支离化”与“碎片化”的人际交往倾向和生活空间构造，对于推动新时代美德健康生活方式融入城乡社区日常生活形成一定的阻碍。因此，我们要积极探索新时代美德健康生活方式融入城乡社区日常生活的实现路径和推进方式，增强人民群众以及城乡社区对于新时代美德健康生活方式的认同感和参与感，从而在新时代背景下积极地促进新时代美德健康生活方式在城乡社区日常生活中的养成与实践。

城乡社区是城市的细胞，是社会发展治理的基本单元。积极地将新时代美德健康生活方式融入城乡社区日常生活之中，是新时代城乡社区发展的必然要求与题中之义，更是回应人民群众美好生活需要的时代应答。其达成路径与实践内容主要有以下五点：一是推进文明城市创建；二是深化社区文化建设；三是开展绿色低碳社会行动示范创建；四是强化示范引领；五是建好用好社区新时代文明实践站。这五点都旨在促使人民群众在城乡社区的公共生活之中养成和实践新时代美德健康生活方式，提高人民群众对它的认同感与参与感，使之在社区日常生活之中生根发芽，让社区有温度，让人民得好处，切实而有效地回应人民群众对于美好生活的向往。

（一）深化社区文化建设

社区是社会治理的最小单元，也是最贴近人民群众的文化传播场所，通过深化社区文化建设可以积极促进新时代美德健康生活方式在城乡社区人民群众日常生活之中的开展和落实，从而提升居民的生活品质，营造幸福、温馨、和谐的社区文化氛围。深化与新时代美德健康生活方式相适应、相匹配的社区文化建设，要紧密结合相关社区的地域要素、人口因素、结构要素（家庭、邻里、商业、学校、医院、民间团体、政府机关等）和社会心理要素，构建既具有社区特色又紧密结合新时代美德健康生活方式的社区文化模式，为新时代美德健康生活方式融入城乡社区日常生活提供最佳的社区文化模式。

1. 加强中华优秀传统文化在社区的普及推广。习近平总书记强调指出：“中华民族有着深厚文化传统，形成了富有特色的思想体系，体现了中国人几千年来积累的知识智慧和理性思辨。这是我国的独特优势。”正因为这样的一种独特优势，中华优秀传统文化在城乡社区的普及推广有利于人民群众对于新型健康生活方式的认同感和参与感，有利于新时代美德健康生活方式融入城乡社区的日常生活之中，使之成为人民群众日常生活的重要组成部分，成为自身生活实践活动的行为标准和生活范式。城乡社区日常生活领域要积极推行公民自爱自律与诚信利他的人格培育，将社区居民的人格培育、中华优秀传统文化的普及推广，与社区日常生活各个领域相联系，与新时代美德健康生活方式相结合。比如，济宁市突出学习实践科学理论、落细落实优秀传统文化“两创”，聚焦为民办实事，打造蒲公英讲（夜）堂、儒学讲堂、幸福食堂、雏鹰课堂、结婚礼堂五个组合式活动品牌，有力推动文明实践持续深入、乡风更加文明。围绕优秀传统文化创造性转化创新性发展与文明实践融合融入，打造“儒学讲堂”4044 个，组建 400 余人的儒学宣讲队伍，用通俗易懂的语言讲授儒学经典和传统文化知识。结合多地的优秀传统文化特点，创新打造“孔子书房”“运河书屋”“端信书屋”“孝贤书房”等，配备儒学经典读物、传统文化图书 4 万余册，推进传统文化进农村、进社区。目前，累计开展儒学宣讲活动 4.9 万余场次，受众 160 余万人。

2. 搭建多样化的新时代美德健康生活方式交流平台。一是组织开展各具特色的文化艺术活动，如社区艺术节、邻里生活会、亲子微课堂、竞技大比拼等，培育打造各社区特色文化品牌，带给群众更具体验感与互动性的文化活动，以促进社区文化的发展，从而形成更加有利于新时代美德健康生活方式融入城乡社区日常生活的新气象、新局面，让社区居民在社区文化的深入发展中进一步加深对于新时代美德健康生活方式的认同感与参与感。二是积极建构社区文化的宣传机制和教育机制，进一步深入开展与新时代美德健康生活方式相结合的道德大讲堂，对“自律助人”“孝老爱亲”“诚

济宁市嘉祥县坚持开展"雏鹰课堂""为小"志愿服务活动，为留守儿童送上贴心关怀　　　图片来源：济宁市委宣传部提供

信利他""节俭绿色""共建共享"等新时代美德健康生活方式进行宣讲，加深人民群众对于新时代美德健康生活方式的理解和认识，真正提高人民群众的认同感与参与感。三是积极建立社区文化志愿服务队，营造良好的社区文化氛围，实现组织群众、宣传群众、教育群众、服务群众的文化实践活动顺利展开。

3. 在社区涵养良好的社会风尚。2019 年 10 月，中共中央、国务院印发的《新时代公民道德建设实施纲要》指出："良好社会风尚是社会文明程度的重要标志，涵育着公民美德善行，推动着社会和谐有序运转。要紧密结合社会发展实际，广泛开展文明出行、文明交通、文明旅游、文明就餐、文明观赛等活动，引导人们自觉遵守社会交往、公共场所中的文明规范。着眼完善社会治理、规范社会秩序，推动街道社区、交通设施、医疗场所、景区景点、文体场馆等的精细管理、规范运营，优化公共空间、提升服务水平，为人们增强公共意识、规则意识创造良好环境。”社区可通过将文化活动与传统、重大节日相结合，开展丰富多彩的节日活动，让居民感受到社区大家庭的温馨以及传统节日的文化内涵，展现社区邻里和睦、文明互助、融洽和谐的精神风貌。同时，弘扬中国优秀传统文化，进一步推动传统文化和现代文明有机融合，增强文化自信心和民族自豪感。结合社区实际，打造一批具有社区特色的文化活动，依托文化活动的开展带动新时代美德健康生活方式的推广，以此引导社区人民群众提高对于新时代美德健康生活方式的认同感与参与感，从而不断厚植新时代美德健康生活方式的社区文化土壤。整合社区文化资源，夯实新时代美德健康生活方式融入居民日常生活的社区文化基础，以党员为先锋带头力量，鼓励支持社区文体专业人士及爱好者，带动与新时代美德健康生活方式相匹配的社区文化活动的开展与深化；依托社区文化资源，建立符合专业宣教团队及宣讲平

在德州市长河街道东风社区，“传承孝道和敬老风尚”“图说文明新风”等宣传图文随处可见。身穿红马甲的志愿者坚守在志愿岗位上，向来往居民发放文明宣传单　　图片来源：德州市委宣传部提供

台，吸纳广大社区居民积极投身社区文化建设中，为新时代美德健康生活方式融入城乡社区日常生活奠定坚实的群众基础。

（二）推进文明城市创建

让新时代美德健康生活方式融入城乡社区日常生活，是进一步推进文明城市创建的重要任务和目标。要坚持共建美丽中国、共享发展成果，不断提升城乡社区人民群众的文明素质和社区文明程度，促进经济、社会各项事业的全面发展。

1. 普及公民道德规范。习近平总书记多次强调，中华优秀传统文化是中华民族的“根”和“魂”。把中华优秀传统文化全方位融入公民思想道德教育和社会实践教育之中，是文明城市创建以及推进新时代美德健康生活方式的必然要求和客观需要。一是将新时代美德健康生活方式嵌入“美德山东”和“诚信山东”建设过程之中，吸收传统文化中的“自律”“仁爱”“诚信”“孝敬”“责任”“敬业”等合理要素，借以丰富美德山东建设的内涵。二是通过道德讲堂、国学普及、经典诵读等方式，把中华优秀传统文化融入人民群众的日常生活之中，激发人民群众创建文明城市的热情，增进对于美德健康生活方式的认同感和参与感，从而夯实公民道德建设的深厚根基，使齐鲁大地呈现出“郁郁乎文哉”的美好气象。三是发挥各级党组织的领导作用，将传承发展中华优秀传统文化具体落实到社区、乡镇、学校等基层单位，制定惠及各级文化机构、各类社会组织和文化企业的相关政策，引导和鼓励他们积极参与。

2. 营造新时代美德健康生活方式的浓厚氛围。在文明城市创建过程中培育新时代美德健康生活方式，不能一味地“说教”，否则，就会影响群众积极参与的热情，因此，必须在更加生动、更具趣味性、更加灵活多样上下功夫。实现新时代美德健康生活方式融入社区日常生活、进一步推动文明城市创建，要采取镶嵌式、互动式、体验式等多种方式，组织开展新时代美德健康生活方式相关的大型主题活动，在全社会广泛开展“自律助人”的立身之道、“孝老爱亲”的齐家之道、“诚信利他”的仁爱之道、“节俭绿色”的共生之道和“共建共享”的敬事之道等教育体验活动，为广大人民群众提供日益迁善而不知的文化环境，从而进一步推动山东文明城市创建，推动新时代美德健康生活方式的普及教育。

要以文明城市、文明村镇、文明单位、文明家庭、文明校园创建活动为载体，深入开展新时代美德健康生活方式普及的全民行动。将中华优秀传统文化中的优秀思想内涵融入市民公约、乡规民约、学生守则、行业规章、团体章程等社会制度规范之中。广泛开展移风易俗，大力倡树文明新风，推动新时代美德健康生活方式融入社区日常生活之中。

3. 建立完善工作机制。要建立推进文明城市创建的完善而成熟的工作机制。新时代美德健康生活方式的普及作为一项长期的社会实践活动，需要加强顶层设计和总体规划，建立健全政府主导、部门协作、社会力量广泛参与的管理体制和运行机制。一是建立资金投入机制。设立推进新时代美德健康生活方式的专项经费，加大对示范性强、影响力大的重点项目的扶持力度，同时引导社会资金合理进入，推动部分项目市场化运作，为美德健康生活方式在文明城市创建中融入日常生活提供必要资金保障。二是建立工作协调机制。建立各级党委宣传部门牵头，文化、文联、高校、研究会、民间组织等参与的推动新时代健康生活方式工作协调小组，搭建沟通交流平台，定期召开分析研讨会、工作协调会等，形成推动新时代美德健康生活方式融入社区日常生活的合力。三是建立工作考核机制。将推动新时代美德健康生活方式纳入各级党委、政府年度工作考核，作为精神文明创建、社区文明评选、乡村文明行动考核的重要指标，引导各级党委政府和职能部门进一步提高对新时代美德健康生活方式融入城乡社区日常生活的重视程度。

（三）强化示范引领

榜样的力量是无穷的。积极推进新时代美德健康生活方式融入城乡社区日常生活，需要让先进典型引路，发挥示范引领作用。

1. 挖掘先进典型。要注意密切结合群众、联系群众，想群众之所想，把人民群众所关注的热点作为工作重心，善于从群众身边挖掘选树先进典型，把先进典型事迹作为生动教材，激励和引领社区居民见贤思齐、创先争优。通过强化示范引导作用，通过形式多样、生动活泼的实践活动，推动新时代美德健康生活方式在人们生产生活中活起来、传下去，使之内化于心、外化于行。

2. 与培育践行社会主义核心价值观紧密结合。社会主义核心价值观为新时代美德健康生活方式更好地融入社区日常生活奠定了理论基调，具有价值导向作用。一是要充分运用传统音乐、舞蹈、诗歌、礼仪、民俗、家规家训、民间曲艺等多种多样形式，通过组织经典诵读、讲坛，编选通俗读本，开展主题活动，不断推进社会主义核心价值观大众化、社会化，以中华优秀传统文化涵养社会主义核心价值观。二是夯实基层优秀人才队伍，加强基层宣传文化队伍建设，发展壮大文化志愿者队伍，定期组织民间组织负责人参加培训，通过人才引进、文化人才定向招考等渠道，为基层引进一批专业人才，全面提升基层专业人才队伍整体水平。三是发挥党员干部带头作用，特别是注重宣传推介从他们身上提炼出的具有时代特征、值得学习的精神品质，总结出能够发挥示范引领作用的经验，从而激励党员干部以及人民群众以更加饱满的工作热情投身于新时代美德健康生活方式的普及工作中来。

（四）建好用好社区新时代文明实践站

社区新时代文明实践站的进一步深化发展，可以有效地促进新时代美德健康生活方式融入社区日常生活，增进社区民众的认同感与参与感，在社区形成有利于新时代美德健康生活方式普及的文化活动和精神文明建设载体，全面提升新时代文明实践工作水平，切实地为新时代美德健康生活方式的普及融合工作营造浓厚的新时代文明实践氛围。

1. 提高人民群众的积极性和参与感。引导社区人民群众以及社会组织在新时代文明实践的过程中达成对于新时代美德健康生活方式的认识和共识，激活社区群众的内在主体力量，提高实践新时代美德健康生活方式的主动性和自觉性，从而在新时代文明实践的过程中达成美德健康生活方式与社区群众日常生活的融合。如淄博

2022年5月31日，淄川区8支宣讲队伍成立暨“明理胡同宣讲润心 凝聚力量筑梦前行”基层宣讲启动仪式

图片来源：淄博市委宣传部提供

市淄川区建设“明理胡同”宣讲阵地，用大白话说天下事、用百姓话说百姓事，让理论宣讲走到群众身边。在群众的常聚地建设“明理胡同”447个，配备便民小马扎6700余个，安装报刊箱582个，配备理论书籍和报刊，便于老百姓学习。确定每月18日为“明理胡同”主题宣讲活动日，全区统一安排学习内容；每周五为常态化宣讲活动日，各村（社区）在征求群众意见基础上，精准化开展理论宣讲活动；其余时间为自主宣讲时间，农闲时节、茶余饭后随时举办。编印《中国之治的淄川故事》《淄川区民生政策宣讲手册》等作为学习材料。同时，开展种植养殖等农业生产实用技能培训，讲解预防高血压、脑血栓等健康养生知识，开展“文明家庭”“好媳妇好婆婆”等评选活动，把讲与做结合起来，从而充分激活人民群众参与新时代美德健康生活方式的内在主体力量。

2. 丰富社区新时代文明实践活动载体。适应时代潮流，探索和运用文化 + 创意设计，积极运用各种现代表现形式和传播手段，不断赋予新时代美德健康生活方式新的内涵，赋予社区新时代文明实践的文化活动、精神文明建设新的内容，让新时代美德健康生活方式融入社区日常生活的方式“活”起来，让社区人民群众以更为生动活泼的形式进行新时代文明实践活动，为新时代美德健康生活方式融入社区日常生活提供一种崭新的实现路径。比如，聊城市高唐县创新打造“润心讲坛”，整合宣讲力量，创新宣讲载体，让党的创新理论“飞入寻常百姓家”。积极开展“说唱舞红社区”+“空中课堂”的宣讲模式，提升了群众的满意度。线下，开展“说唱舞红社区”宣讲，“宣讲志愿者”把党的理论讲起来，“音舞志愿者”把爱党的感情唱起来舞起来，“书画志愿者”把对党的恩情写出来画出来，群众边听边唱、边学边跳，提升了宣讲的互动性、感染力。线上，打造“润心讲坛·空中课堂”，建立宣讲资料库、作品库、视频库，通过客户端、公众号、“村村响”等进行广泛传播，形成了融媒体宣讲新路径。

3. 组建社区新时代文明实践志愿者团队。积极开展政策宣讲、文明社区、道德引领、文艺文化等系列志愿服务，深入社区基层，服务社区人民群众，践行好主流价值、活跃好文化生活、切实移风易俗、振兴优秀传统文化，营造新时代美德健康生活方式惠民生、暖人心的良好生活氛围，切实加强社区群众对于美德健康生活方式的认同感和参与感。在服务基层、服务社区群众过程中，将新时代美德健康生活方式通过多种形式向人民群众展现出来。近年来，山东省社会志愿服务活动迅速发展，志愿者、志愿团体力量不断扩大，公民及社会主体的责任感、使命感、公益意识普遍增强。比如，青岛市城阳区在新时代文明实践试点过程中，创新性地推出全国首个志愿服务“网约”模式。个人、单位、社区通过线上“文明实践积分平台”发布志愿需求，附近的志愿团队、志愿者接单，志愿服务中心就近派单，形成“百姓点单、中心派单、志愿者接单、群众评单、积分奖单”相贯通的工作模式，实现了志愿服务供需的及时、精准、有效对接。同时，志愿需求内容涉及扶贫、助老、文化、助学、应急等各个领域，形成了“能解实事、能解难事且被群众期盼”的邻里互助氛围，有效填补了公共服务供给不足，不断推进志愿服务精准化、常态化、便利化、品牌化。

（五）开展绿色低碳社会行动示范创建

人与自然和谐共存是新时代美德健康生活方式所提倡的重要生活理念和价值取向，是现代生活方式所应具备的一种生活观和价值观。在党的二十大报告中，习近平总书记明确指出，中国式现代化是人口规模巨大的现代化，是全体人民共同富裕的现代化，是物质文明和精神文明相协调的现代化，是人与自然和谐共生的现代化，是走和平发展道路的现代化。在回顾十年来党和国家事业取得的历史性成就时，总书记指出，我们坚持绿水青山就是金山银山的理念，坚持山水林田湖草沙一体化保护和系统治理，生态文明制度体系更加健全，生态环境保护发生历史性、转折性、全局性变化。总书记这些重要讲话表明，人与自然和谐共生既是中国式现代化的重要内容，也是人类文明新形态的有机构成。

倡树新时代美德健康生活方式，就要牢固树立和践行绿水青山就是金山银山的理念，继续推进美丽中国建设，加快发展方式绿色转型和实施全面节约战略，加快形成绿色生活方式，营造浓厚的健康消费环境和绿色环保氛围。

1. 加强绿色低碳宣传教育。一是组织开展具有特色的绿色低碳宣传教育活动，广泛宣传绿色低碳基础知识，以群众生态环保意识的提升促进新时代美德健康生活方式融入日常生活之中，充分调动社区人民群众践行新时代美德健康生活方式的积极性。二是鼓励基层街道社区各群团组织积极组织贴近社区人民群众日常生活的绿色低碳实践活动，以实际行动和现场演示来促进社区民众对于绿色低碳环保意识的认同和参与。三是将绿色低碳生态思想纳入国民教育体系，在学前教育体系中融入绿色低碳理念，引导青少年从小树立绿色低碳的理念。四是进一步深入挖掘传统文化中的生态保护思想，提倡传统文化中“道法自然”“并育不害”“与物同体”“取予有度”“顺时取物”的观念，实践“节用裕民”“强本节用”“修旧利废”“轻车简从”“食不重味”的节用低碳意识，从而尊重自然规律、维护生物链平衡、节约自然资源。

2. 积极推广绿色低碳生活方式和生活场景。绿色低碳生活倡导“修旧利废”“轻车简从”“食不重味”“取予有度”“顺时取物”的生活态度和生活方式，提倡人们能够自觉地节制不合理欲望。如，节水节能节电，乘坐公共交通，纸布袋循环利用，避免粮食浪费，反对铺张奢华，提高环保意识……总之，绿色低碳生活需要人们去直面自身的不合理欲望，节制自身过度的物质需求，为此，要深化绿色家庭创建行动，引导居民优先购买使用节能节水器具，减少塑料购物袋等一次性物品使用，倡导步行、公交和共享出行方式，杜绝食品浪费，自觉实行垃圾减量分类，在衣、食、住、行各方面自觉践行简约适度、绿色低碳的生活方式。同时充分发挥公共机构示范引领作用，积极推进社区既有建筑绿色化改造，进一步加大社区绿色采购力度，积极推进无纸化办公。

2022年9月21日，日照市在万平口公交站正式启动2022年日照公交出行宣传周活动　　图片来源：日照市委宣传部提供

3. 创建绿色低碳社会行动示范。坚持以社区人民群众的美好生活需求为中心，拓宽社区民众参与绿色低碳社会行动示范创建的途径和方式，广泛征求群众意见，逐步实现社区绿色低碳社会行动示范的共商、共建。在持续推进绿色低碳生态社区建设的过程中形成畅通的群众参与和反馈机制，把人民群众的满意度作为

衡量城乡社区生态环境检验与评价的第一标准，并纳入智慧社区的信息共享平台中，提升基层社区的生态环境监控、预警、治理和追责能力。

三、学校：融入立德树人全过程

党的二十大报告指出，我们要办好人民满意的教育，“全面贯彻党的教育方针，落实立德树人根本任务，培养德智体美劳全面发展的社会主义建设者和接班人”。学校是培养担当民族复兴大任的时代新人的重要场所，是培养德智体美劳全面发展的社会主义建设者和接班人的重要阵地，同时也是锻造广大青少年新时代美德健康生活方式的重要家园，要切实推动新时代美德健康生活方式的培育践行，就要注重把它融入德育教育体系之中。

（一）融入德育教育

党的十八大报告明确指出，要“把立德树人作为教育的根本任务，培养德智体美全面发展的社会主义建设者和接班人”。那么究竟什么是“立德树人”呢？据古代经典《左传·襄公二十四年》记载，鲁国的穆叔回答晋国范宣子何谓“不朽”时指出，世卿世禄并不是“不朽”，只有当一个人去世以后他的高尚品德、宏伟事业和思想言论仍然流传于世，那才是真的“不朽”。具体地说，一个人要做到“不朽”，就必须具备世上通行的“三立”，即“太上有立德，其次有立功，其次有立言。虽久不废，此之谓不朽”。这意思是说，人生的最高境界是树立优秀品德，其次是建功立业，再次是著书立说。人生在世，“立德”是第一位的。在长期的流传过程中，立德、立功和立言的“三不朽”成为中国古代思想家和有识之士共同认可的崇高人生理想。立德树人，不仅是中华民族的优秀传统智慧，也是新时代教育全面发展的根本需要。习近平总书记深刻指出，道德之于个人、之于社会都具有基础性意义，做人做事第一位的是崇德修身，德是首要、是方向，一个人只有明大德、守公德、严私德，其才方能用得其所。基于此，要锻造新时代美德健康生活方式，一个行之有效的重要途径就是把它融入大中小学立德树人的全过程。

1. 凸显新时代美德健康生活方式时代主题。国无德不兴，人无德不立。在立德树人的过程中，要把学生的品德培养放在优先位置，造就一大批德才兼备的社会主义接班人。作为山东省德育体系建设的有机组成部分，立德树人工作应当突出重点，从新时代美德健康生活方式做起，深化道德教育引导，把新时代美德健康生活方式融入学校建设各项工作中，将两者有机结合，做到一体推进、共同发展、相得益彰。

要着重培植学生“自律助人”“孝老爱亲”“诚信利他”“节俭绿色”“共建共享”等优秀道德素质，使之养成充分体现这些良好品性、向善向上的生活习惯，学会正确的待人处世之道，锻造个人健康的生活情趣，养成高品质的个人爱好，追求科学的生活方式。

2. 充分发挥立德树人教育的基础性作用。要注意遵循教育发展规律，对不同学段、不同年龄的学生制定不同的学习培育目标，循序渐进地把新时代美德健康生活方式灌输到各学科教学过程中，使之入教材、进课堂，为学生创设有利于新时代美德健康生活方式教育的环境。小学低年级以培养学生对新时代美德健康生活方式的亲切感为重点，开展启蒙教育，培养学生热爱新时代美德健康生活方式的感情；小学高年级以提高学生对新时代美德健康生活方式的感受力为重点，开展认知教育，了解新时代美德健康生活方式内容的丰富多彩。初中阶段以增强学生对新时代美德健康生活方式的理解力为重点，提高对新时代美德健康生活方式的认同度。高中和大学阶段以增强学生对新时代美德健康生活方式的理性认识为重点，引导学生感悟新时代美德健康生活方式的精神内涵，增强学生对新时代美德健康生活方式的自信心。

3. 不断增强立德树人工作的实效性。要在通俗化、大众化、社会化上下功夫，使广大学生喜闻乐见；采取镶嵌式、互动式、体验式等方式，宣传普及立身之道、齐家之道、仁爱之道、敬事之道和共生之道方面的文化知识，切实使学生了解和把握精神实质；选择一些基础较好的学校建立新时代美德健康生活方式示范基地，并及时总结经验在全省推广。

围绕新时代美德健康生活方式，进一步推进全省中小学公民道德课、思想品德课、社会实践课、本土文化课等课程标准修订和课程开发的研究论证、试点探索和推广评估工作，在中小学德育、语文、历史、艺术、体育等课程标准修订中增加美德健康生活方式的比重，面向各级各类学校重点建设一批美德健康生活方式精品视频公开课。同时，注重考虑层次性和多样性，授课方式应灵活多样，采用浅显易懂、生动有趣、嵌入启发的传授方式吸引广大学生自觉践行。

（二）完善文明礼仪规范

中国是世界闻名的“礼仪之邦”，好礼、尊礼、懂礼、有礼、重礼历来是中国人重要的待人处世之道和生活方式。讲究礼仪规范，不仅是对别人的尊重，也是对自己人格的尊重；礼仪规范制约着人的行动，调节着人与人之间的关系，它使社会生活的正常秩序得以维持；没有礼仪规范的社会，将是秩序混乱、举止失措，乃至于粗暴野蛮、暴力盛行的混乱世界。《新时代公民道德建设实施纲要》指出：“礼仪礼节是道德素养的体现，也是道德实践的载体。”我们倡树新时代美德健康生活方式，应当从文明礼仪规范积极培育抓起。

曲阜市春节文明礼仪指导手册

图片来源：济宁市委宣传部提供

1. 建立健全学校礼仪规范。培育新时代美德健康生活方式，就要把它与各个学校新时代公民道德建设融为一体，完善学校已有的礼仪规范，将“自律助人”“孝老爱亲”“诚信利他”“节俭绿色”和“共建共享”融入学规、校规之中。当前，结合《小学生守则》《中学生守则》《小学生日常行为规范》《中学生日常行为规范》以及《中小学教师礼仪规范》《中小学生文明规范礼仪》，各学校一般都制定了各具特色的礼仪规范和规章制度。而要使体现新时代美德健康生活方式的规范内容，在山东广大青少年学生中真正落地、生根、开花、结果，则必须将它们贯通到学校各种礼仪规范和规章制度之中，从而为培育新一代社会主义的合格接班人提供更加完善的制度保障。比如，根据公共生活和公共关系的特点，提出并逐步完善师生新的网络公共空间中礼仪规范；积极倡导绿色生活方式，广泛开展绿色生活行动，推动学校加快向勤俭节约、绿色低碳的生活方式转变，坚决抵制和反对各种形式的奢侈浪费、人情消费、超前消费，鼓励师生合理消费、适度消费，倡导购买绿色低碳产品、使用环保可循环利用产品，营造节约光荣、浪费可耻的浓厚氛围。

2. 加大礼仪规范教育力度。要注意吸收齐鲁优秀传统文化中符合现代文明要求、彰显新时代美德健康生活方式的礼节、礼仪和礼数，加强凸显“自律助人”“孝老爱亲”“诚信利他”“节俭绿色”和“共建共享”为主题的礼仪规范教育，以便防止一些学生的生活行为失序、失范。比如，在个人生活中，少数同学衣冠不整，站没站相、坐没坐相；在家庭生活中，一些同学不尊敬父母，对人称呼不用敬语；在社交生活中，有的言语粗俗、行为粗鲁，不尊重他人；在公共生活中，有的不遵守公共秩序和公共规则，大声喧哗，乱丢垃圾，随地吐痰，随便横穿马路。针对这些现象，应当坚持“古为今用”的原则，开展生动活泼的传统礼仪养成教育。中小学生应通过社会教育和自我修养，使体现新时代美德健康生活方式的各种现代礼仪规范内在化，变成个人的思想自觉和行为自觉，进而在生活方式上做到尊礼、守礼、有礼，“彬彬有礼”，以便在个人生活、学习生活和公共生活中，按照新时代美德健康生活方式的规范和要求待人处世，真正懂得，为人处事既要谦虚谨慎，也要宽宏大度，做到严于律己、宽以待人；面对老弱病残，力争做到礼让为先、尊老爱幼；在公共场合，难免会遇到利益上的冲突和其他各种矛盾，此时，不能一事当前、先替个人打算，应当先人后己、克己为人，努力替他人着想、为他人服务，展现出崇高的谦让精神和无私品格。

3. 积极开展丰富多样的礼仪规范活动。一是重视文明礼仪教育。在重大节庆活动中开展文明礼仪活动，以体现仪式感、庄重感、荣誉感，彰显礼仪文化的时代魅力。以各种主题教育实践活动为载体，利用公民道德宣传日、清明节、教师节、国庆节和中秋节等节假日和重大纪念日，进行文明礼仪教育和文明礼仪体验教育活动。积极举办“文明礼仪教育活动月”活动，培养良好的文明礼仪习惯，全面提升其文明礼仪素养和文明综合素质，营造积极向上、文明有礼的校园文化环境。二是积极开展文明礼仪活动。在各级各类中小学，以“加强文明礼仪教育、促进和谐校园建设”为主题，以“说文明话、做文明事、当文明人”为活动宗旨，以校园内显性礼仪（坐、立、行、走、言）为突破口，广泛开展多种多样的礼仪活动，做到人人学礼仪、懂礼仪、崇礼仪、用礼仪、传礼仪，营造讲礼仪的文明氛围。组织广大学生和教职员工认真学习各种礼仪规范，普及生活礼仪、社交礼仪、教学礼仪、学习礼仪、家庭礼仪等基础知识，将文明礼仪教育活动落实到课堂学习活动与学生的日常生活当中。三是注重发挥文明礼仪的教导作用。根据新时代美德健康生活方式的要求，结合自身实际，组织开展看一部文明礼仪专

淄川区三岁孩童“书香沁润”礼　　　　图片来源：淄博市委宣传部提供

题教育片、写一篇文明礼仪教育体会文章、讲一个感人的文明礼仪故事、做一件讲文明礼貌的事等活动。结合实际举行入学礼、拜师礼、开笔礼、成人礼等，注重开展升国旗、奏唱国歌、入党入团入队等仪式，增强广大师生对党和国家、对组织集体的认同感和归属感。

（三）推动家校社共育

学校教育、家庭教育和社会教育是相辅相成的，如果说家庭教育是学校教育强大后盾的话，那么，社会教育则是学校教育的有益补充。必须推动学校教育、家庭教育和社会教育相互协调、共同合作，以形成强大的合力。

1. 发挥教师、家长和社会人士的协同作用

以德树人、以德育人，塑造新时代美德健康生活方式，教师是关键。首先，正人必先正己，教师要完成好塑造学生优良品性、良

好生活方式的光荣使命，就应注重自身的思想道德品质修养，养成高雅的生活品位。其次，教师既要教书，也要育人。有的老师公开讲："我只管教好书就行，其他我管不着。"这显然是偏颇之词。孔子的弟子曾子说："士不可以不弘毅，任重而道远。"唐代文学家韩愈在《师说》一文中也指出，教师的职责是"传道、授业、解惑"。要适应由应试教育向素质教育转变的大趋势，人民教师不可缺位。应当鼓励广大教师以一种高尚的人文情怀和良好的文化自觉心态，把知识、技能和德性共同融入自己的教学、科研之中，潜移默化地向学生宣传、普及新时代美德健康生活方式知识，给予他们高尚的精神滋养。再次，广大教师要以"舍我其谁"的担当精神，在推动学校教育、家庭教育和社会教育共同培育新时代美德健康生活方式工作中，发挥"领头雁"作用。成为深入实施培育新时代美德健康生活方式共建共享共育工程的组织者，争做中小学公民道德建设的示范者、良好风尚的维护者。

"家长是孩子的第一任老师。"宋朝的王应麟编写的《三字经》说："养不教，父之过。"千百年的教学经验表明，家长和老师做好配合是培养青少年美好生活方式行之有效的途径。许多中小学生的生活方式、道德品性、行为表现，在家和在校有的是一致的，有的则存在这样或那样的差异。这就要求家长定期或不定期地和老师多交流、多沟通，努力发现孩子的发展潜质，寻求解决孩子"成长的烦恼"的有益办法和经验。只有如此，才能使孩子的行为习惯培养保持连贯性，才能真正培植出孩子的自律、优雅、敬老、友善、宽厚、诚信、仁爱、进取、团结、节俭等多方面的优良品性。要发挥家长学校、家长委员会等平台作用，不仅要注重学生知识水平的提升，也要在孩子美德修养具备、健康人格练就、良好习惯养成方面多下功夫。

要发挥社会组织引导作用，广泛开展形式多样的传统文化体验、主题教育实践活动和公益性活动，在学校开设“志愿服务时间银行”账户，培养学生扶弱助贫的优秀美德。利用青少年英雄崇拜的心理，组织英模或道德模范宣讲红色故事，举办红色文化纪念活动，打造红色文化“声像工程”，推进红色文化展示，积极组建红色文化报告团，开展爱国主义教育、理想信念教育、优良传统教育，大力培育中小学生的红色基因。应通过参观历史名人故居、讲传统文化故事、利用假期走访探访红色革命遗址等活动，发挥它们既可“美政”又可“美俗”的作用，对青少年进行道德人文教育，提高人格修养。

乳山市烈士纪念日少先队员向抗日烈士献花

图片来源：威海市委宣传部提供

2. 注重家教、注重家风、注重家规

家庭是社会的基本细胞，是道德养成的起点。习近平总书记深刻指出：“家庭是社会的基本细胞，是人生的第一所学校。不论时代发生多大变化，不论生活格局发生多大变化，我们都要重视家庭建设，注重家庭、注重家教、注重家风，紧密结合培育和弘扬社会主义核心价值观，发扬光大中华民族传统家庭美德，促进家庭和睦，促进亲人相亲相爱，促进下一代健康成长，促进老年人老有所养，使千千万万个家庭成为国家发展、民族进步、社会和谐的重要基点。”“广大家庭都要重言传、重身教，教知识、育品德，身体力行、耳濡目染，帮助孩子扣好人生的第一粒扣子，迈好人生的第一个台阶。”

习近平总书记上述家庭教育思想深深地启示我们，一定要注重家教、注重家风、注重家规，重视涵育中小学生的优良道德品行和健康生活方式。一是注重家教。教育子女，父母首先要做好子女的楷模，发挥榜样的作用。俗话说：“孩子身上有父母的影子。”这不仅是因为血缘关系带来的外貌相似，更多的是因为父母总是按照自己的意愿和方法来教育子女，子女也会学习和模仿父母的言行举止。要想让子女有成，父母首先要修己修身、自律自约，不断提高自身的道德素质和知识技能；率先垂范，注意自己的言行举止，重视言传身教，当好子女的楷模和向导。二是注重家风。挖掘和整理山东历史上的家训、家书文化，弘扬山东文化世家培植的悠久的“耕读传家”“富而好礼”等良好家风传统。广泛开展文明家庭创建活动，大力弘扬齐鲁尊老、敬老、养老的传统美德，促进家庭代际和睦

曲阜市小雪街道武家村母子传承国学活动
图片来源：济宁市委宣传部提供

发展。广泛开展形式多样的“全民阅读进家庭”活动，提高齐鲁文化经典读书活动的覆盖面和参与率；开展“小手拉大手”亲子阅读活动，评选齐鲁“书香家庭”，组织家庭读书知识竞赛、有奖征文、学习沙龙等活动，形成“人人爱读书、家家飘书香”的风尚。三是注重家规。山东历代思想家编制了众多以“孝”促“忠”的“家训”典籍，应当通过取其精华、去其糟粕的转化创新，借助齐鲁文化中的家训宝贵资源，培育千千万万向善向上的“好学生”。

3. 共同营造家校社共育的浓厚校园文化氛围

优秀的校园文化能使学校员工和学生受到良好的熏陶与感染，培育对社会的强烈责任感和使命感，激发每一位师生员工的学习和工作热情，促进学生的心理健康，形成积极向上的学习生活态度，创造有利于学生成长发展的良好环境氛围，养成文明的举止和良好的行为习惯，维持学校正常的教学生活秩序。为了更好地培育中小学生新时代美德健康生活方式，应当从多个层面丰富拓展校园文化，营造家庭、学校和社会共育的校园文化环境。

一是立足齐鲁优秀文化资源。（1）利用节庆文化和习俗文化。

即便今天经济社会有了翻天覆地的变化，基于历史的惯性，山东大地仍然保留着许许多多中华传统节庆文化和本地特有的节日和习俗。我们应当借助过传统节日之机，加强家庭成员之间交流与沟通，形成彼此联结的感情纽带。（2）利用优秀传统故事。自古至今，齐鲁大地流传着许许多多脍炙人口、催人健康成长的名言、故事，像大舜行孝、曾子杀猪、孟母教子、鸡黍之约等，更是家喻户晓。应该通过讲好山东故事、背诵名句等方式，加强青少年思想道德教育，丰富活跃中小学生课堂内外的精神文化生活。（3）利用古已有之的德教文化传统。要明白，重智育、轻德育会导致子女在人生观、道德观培养方面的畸形。应汲取齐鲁德育文化的精粹，让美德在家庭中、在孩子的心灵中生根、在亲情中升华；督促广大青少年学生从小自觉传承中华孝道，感念父母养育之恩、感念长辈关爱之情，养成孝敬父母、尊敬长辈的良好品质；教育下一代在为家庭谋幸福、为他人送温暖、为社会作贡献的过程中，不断提高自己的精神境界，培育文明的生活方式。

孟母教子图

二是充分调动校外社会教育资源。校外教育工作是培养学生道德自律能力的重要途径，要建立完善部门齐抓共管、共同配合的德育大格局。学校与社会要密切配合，营造良好的社会育人环境。鼓励社会各界共同参与青少年学生新时代美德健康生活方式培育工作，倡导学校附近的企事业单位、街道或村民委员会建立与中小学德育密切相关的社区教育组织，开展形式多样的课外、校外社会实践活动。通过社会劳动和劳动技术教育，培养学生正确的劳动观念、良好的劳动习惯和热爱劳动的态度，提高他们的生活自理能力和基本劳动技能。像少年宫、少年之家、青少年科技馆、儿童少年活动中心等众多活动场所，在根据接受者的年龄特点、兴趣爱好，广泛开展文艺汇演、体育训练以及各种夏令营、冬令营等丰富多彩

2022 年 2 月 14 日，烟台市幸福街道福泰社区举办“喜迎冬奥庆元宵”活动，向辖区内青少年传递奥运精神，传承奥运荣光

图片来源：烟台市委宣传部提供

课外活动的同时，着重陶冶学生高尚的道德情操、培养其健康的生活习惯和坚强的意志品质，让他们学会认知、学会做事、学会生存、学会生活。

三是采取多种方式方法促进校园文化健康发展。将中小学常规性活动与新时代美德健康生活方式主题活动有机结合起来，精心设计和组织开展各种内容丰富、形式多样，融知识性、趣味性、教育性于一体，系列化、特色化的校园文化活动。通过举行升国旗仪式、入团入党仪式，文化艺术节、科技节、体育节，演讲比赛、征文比赛、歌咏比赛等一系列活动，寓教于知识，寓教于竞赛，寓教于娱乐，陶冶学生情操，锤炼学生品格。目前，在山东许多中小学，诗社、棋牌俱乐部、书社、文学社等各种社团以其独特的优势吸引众多学子纷纷加入，成为推动师生思想品德修养、丰富校园生活的重要依托。要进一步加大对各种社团的扶持、引导和管理力度，配备一些关心学生工作的“专精尖”指导教师，充分发挥社团在校园文化建设中的积极作用。挖掘、梳理学校发展历史、学校名人等资源，建设校史陈列馆、书法长廊、诗歌长廊等文化平台，打造具有丰富人文内涵的学校品牌。创造条件开设历史、品德、绘画、艺术鉴赏等人文课程，全面提升青少年学生的人文素养。开展丰富多彩的人文活动，定期举办以“创造”“艺术”等为主题的活动周，有序开展“礼仪节”“读书节”“体育节”“英语节”“非遗节”等主题文化月活动，使每个青少年学生都能够在这些活动中，展示自我、涵养心灵、启迪智慧、提高素养。

（四）建立激励考核评价机制

培育学生的新时代美德健康生活方式，不仅要靠思想教育、实践养成，也要靠建立完善良好的激励考核评价机制作保障，使符合美德健康生活方式的行为得到鼓励、违背美德健康生活方式的行为受到制约。

1. 建立完善激励机制。在各级各类先进班集体、优良学风班、优秀学生干部、优秀团干部和优秀团员等各种荣誉称号评比中，加大道德品质、生活作风的比分权重，促使师生重视培育美德健康生活方式。要广泛开展学习宣传道德模范活动，充分发挥其感召作用、激励作用，精心组织学生向英雄学习、向先进学习、向模范学习，激励他们从小养成好的思想品德、好的生活习惯、好的行为方式。要形成奖勤罚懒、惩恶扬善的双向机制，对那些打架斗殴、弄虚作假等不良现象，应严加管教。尤其要加强对学生的诚信教育，坚决杜绝考试作弊现象，对违反考试纪律的学生按照相关规定进行严肃处理。

2. 建立完善考核机制。激发学生对新时代美德健康生活方式的参与兴趣，将它们纳入必备的考试科目之中，并与现有的思想品德课程相衔接。组织开展新时代美德健康生活方式知识竞赛，着重考察学生的道德自律精神和实际生活表现。纳入对村镇、街道、部门“年度工作点评”的必评项目，作为评选、考核“文明村镇”“文明家庭”“文明行业”“文明城市”的重要参考指标。加强督促指导，强化走访调查、督查督办、现场推进，以积极促进中小学校新时代美德健康生活方式建设具体任务的落实。

3. 建立完善评价机制。按照全面性原则、科学性原则、可操作性原则、前瞻性原则和可比性原则，构建学校新时代美德健康生活方式评价指标，分成优秀、合格、基本合格和不合格四个等级。面向中小学发放“新时代美德健康生活方式”测评表，进行自评和他评，并引入第三方评价机构，开展客观、公正的评估。评价中，要注重定性与定量、内部与外部、过程与结果相结合，在运用定量方法开展评价的同时，也要采用一些定性方法，如座谈、问卷调查、个别访谈，等等。

四、机关事业单位：融入模范机关建设

要充分发挥机关事业单位重要引领作用，结合建设让党中央放心、让人民群众满意的模范机关，将新时代美德健康生活方式融入模范机关事业单位建设之中，尤其应当融入职业道德和工作作风建设之中，带动兴起学习践行热潮。

（一）纳入机关党建、政德教育全过程

1. 充分发挥机关党建的引领作用。倡树美德健康生活方式，必须紧紧依靠村居、社区、学校、机关、企业的基层党组织来组织、倡导和推动。要充分发挥各级基层党组织的政治优势和组织优势，使其成为倡树美德健康生活方式的坚强堡垒。党组织书记和班子成员要动起来，发挥好党员先锋模范作用，带头宣传、带头倡导、带头践行，以机关学习倡树的浓厚氛围、有效举措，引领群众全面参与到美德健康生活方式中来。基层党组织要定期与居民委员会、业主委员会、

德州市着力健全面向大众的全民健身公共服务体系，开展体育特色学校创建试点工作　　图片来源：德州市委宣传部提供

物业公司等对接沟通，丰富充实美德健康生活方式的适用场景、实现路径。比如，济南市章丘区积极发挥基层党组织的战斗堡垒作用和基层党员干部的模范带头作用，强化正面引领、典型示范，结合区纪委、区监察委制定实施《关于严格规范党员干部和公职人员操办婚丧喜庆事宜的规定》，严格落实“十不准”规定，要求党员干部带头，不大操大办婚庆活动、不参与其他党员干部和公职人员违反规定操办的婚丧喜庆活动。鼓励机关、村两委等基层党员干部及其亲属带头，发挥示范引领、模范带头作用。

2. 持之以恒地纠正“四风”。党的二十大报告指出：“坚持以严的基调强化正风肃纪。”“锲而不舍落实中央八项规定精神，抓住‘关键少数’以上率下，持续深化纠治‘四风’，重点纠治形式主义、官僚主义，坚决破除特权思想和特权行为。”党中央出台八项规定至今，仍有部分党员不放在心上，在某些地方和部门仍旧存在着严重的形式主义、官僚主义，这跟倡导新时代美德健康生活方式是相违背的。对干扰基层的形式主义与官僚主义进行彻底的排查，要做到“主动认账，立行立改”；各部门党组（党委）特别是主要负责同志要树立正确政绩观，“不定不切实际的目标，不开不解决问题的会，不发没有实质内容的文，不做‘只留痕不留绩’的事，坚决克服形式主义、官僚主义”。

3. 弘扬密切联系群众的优良作风。党的二十大报告强调：“全党要坚持全心全意为人民服务的根本宗旨，树牢群众观点，贯彻群众路线，尊重人民首创精神，坚持一切为了人民、一切依靠人民，从群众中来、到群众中去，始终保持同人民群众的血肉联系，始终接受人民批评和监督，始终同人民同呼吸、共命运、心连心。”人民群众是历史的创造者。历史告诉我们，一旦脱离群众，我们党的伟大事业也将会遭受重大挫折。广大党员干部要始终牢记党的初心与宗旨，要坚持对上负责和对下负责的统一，努力实现让党中央放心和让人民群众满意的统一、实现为了群众和依靠群众的统一，在新时代美德健康生活方式之中体现宗旨意识、人民立场，贯彻党的群众路线。

4. 坚持全面从严治党。党的十八大以来，尽管党风廉政建设和反腐败斗争取得了历史性成就，“但形势依然严峻复杂”。要始终坚持从严治党，对于党员从严要求，将纪律摆在每一位党员的前面，放在每一位党员的心里面。要持续整治群众身边腐败和作风问题，让群众在反腐“拍蝇”中增强获得感。要持续纠治教育医疗、养老社保、扶贫环保等领域腐败和不正之风，解决好群众的急难愁盼问题，让人民群众感受到公平正义。对群众反映强烈的公款吃喝、餐饮浪费等歪风陋习露头就打、反复敲打。

5. 加强政德教育。把加强道德修养作为“十分重要的人生必修课”，把政德放在衡量为官标准的首要位置。要把干净和担当、勤政和廉政统一起来，勇于挑重担子、啃硬骨头、接烫手山芋。要践行新时期好干部标准，不做政治麻木、办事糊涂的昏官，不做饱食终日、无所用心的懒官，不做推诿扯皮、不思进取的庸官，不做以权谋私、蜕化变质的贪官。引导党员、干部加强党性锻炼、党性修养，坚定理想信念，百折不挠把自己的事办好。要深入开展党的优良传统和作风教育，完善作风建设长效机制，把好传统带进新征程，将好作风贯穿新时代美德健康生活方式方方面面。

（二）纳入文明单位创建的重要内容

深入开展文明单位创建，是构建和谐社会的重要载体，是把社会主义物质文明、政治文明、精神文明与和谐社会建设各项任务落实到基层的重要途径，是不断提高干部职工素质和单位文明程度的有效形式，也是群策群力、共建共享美德健康生活方式的重要载体。要坚持全面、全域、全民、全程创建理念，推动美德健康生活方式与文明单位创建深度融合，把倡树美德健康生活方式工作情况纳入文明单位创建测评体系，作为日常调度和年度考核的创新性项目，引领各级更好推动美德健康生活方式落地落实。

不断增强文明单位创建工作实际效能。一是坚持党建先行，以党建引领文明单位创建，以文明单位创建培养新时代美德健康生活方式。将“抓好党建作为最大政绩”理念贯穿文明单位创建工作始终，以政治素质的提升和道德水平的提高作为机关精神文明建设的核心，牢固树立鲜明的党建引领精神文明工作的导向。二是强化责任、抓好落实、严格考核。认真落实机关文明单位创建工作三年规划，对年度创建目标进行细化分解落实，每年对于机关文明单位创建进行总结回顾，巩固倡树新时代美德健康生活方式工作成效。三是坚持创新，发挥本单位优势，突显本单位创建特色。要有新的理念、新的思路、新的举措、新的办法，要与本单位重大项目相结合，多做有全国影响的工作，不断增强文明单位创建工作在培养新时代美德健康生活方式中实际效能。

（三）纳入个人和单位绩效考核评价

模范机关建设必然要有健全的规章制度，尤其是关于个人和单位绩效考核的规章制度。要将对于新时代美德健康生活方式的倡树纳入个人和单位绩效考核，实现文明创建和事业发展“两促进、双丰收”。

1. 强化考核激励，树立落实机关党建责任导向。考核评价是压实机关党建主体责任、推动各项工作落实的重要手段，必须聚焦新时代美德健康生活方式，建立内容、方式、结果运用系统化评价体系，发挥好考核“指挥棒”作用，督促各级党组织精耕细作“责任田”。

2. 全员参与形成合力。要把文明创建工作与个人绩效考核、优秀党建工作团队评选等工作结合起来，做到精神文明建设同业务工作、党建工作、新时代美德健康生活方式一起部署、一起检查、一起考核。

3. 抓好队伍建设。优化配置队伍，真正将那些政治素质过硬、理论功底扎实、责任意识强烈、专业素养良好和群众工作本领突出的优秀干部吸纳到党建工作队伍中来，配齐配强各级党组织负责人和专兼职党务干部。强化相关的教育培训，注重实践锻炼。充分发挥机关事业单位的实践调研作用，大力培育认真负责、甘于牺牲奉献、勇于担当作为的精神，在攻坚克难、推动落实中磨炼真本领。发扬实事求是、调查研究的优良作风，深入基层一线，及时了解基层状况，掌握党员干部所思所想所盼，不断提高思想认识和工作水平。

（四）纳入机关与乡村、社区结对共建

新时代美德健康生活方式应当纳入机关与乡村、社区的结对共建之中。在乡村，把倡导美德健康生活方式与打造乡村振兴齐鲁样板紧密结合，持续深化移风易俗，深入推进乡村文明行动，建好用好乡村新时代文明实践站。在社区，与深化文明城市创建紧密结合，动员居民积极参与文明创建、社会公益、群体活动和组团式休闲生活，建好用好社区新时代文明实践站，加强社区文化建设，开展绿色低碳社会行动示范建设。

为深入贯彻习近平总书记关于加强农村精神文明建设的重要指示精神，进一步巩固扩大乡村文明行动成果，促进乡村振兴，山东省印发了《关于深化乡村文明行动的工作方案》，提出要深化思想

道德建设，深化文明实践，深化文明创建，特别指出要推动城乡共建。坚持城乡文明创建一体化发展，大力加强县级文明城市创建，推动文明城市创建由城区拓展到乡村，形成市、县、镇、村逐级辐射带动的全域创建格局。深化城乡文明牵手共建，发动文明城市、文明单位支持农村文明创建，促进农村增强自我“造血”功能。

1. 机关与乡村共建新时代美德健康生活方式。2022 年 4 月，山东省委、省政府印发《关于做好 2022 年全面推进乡村振兴重点工作的实施意见》，强调要深入推进农村精神文明建设。深化乡村文明行动，继续开展文明村镇创建，倡树新时代美德健康生活方式。

一是要倡树美德健康生活方式与打造乡村振兴齐鲁样板紧密结合。比如临沂市黄山铺镇坚持“绿水青山就是金山银山”发展理念，以创建全市美丽乡村示范片区为抓手，围绕“八美与共、各美其美”

沂水县黄山铺镇发展光伏产业，打造绿色能源示范镇

图片来源：临沂市委宣传部提供

总体思路，同步推进“最美先锋、畅美道路、秀美河湖、优美生态、和美文化、富美产业、净美村庄、亮美城镇”8个方面的美丽乡村建设，构建“一村一幅画、一线一风景、一业一品牌”的大美格局，持续擦亮“水韵黄山·诗画家园”特色小镇品牌，全力打造乡村振兴齐鲁样板。通过推广村级增收“8+1”工作法，48个村集体经济收入均超过10万元；建立农村优秀人才信息库，公开优选98名村级后备干部；培育乡村人才先锋，发展农村创客致富带头人200余人。

二是要持续深化移风易俗，深入推进乡村文明行动。落实《关于深化乡村文明行动的工作方案》要求，深入推进婚俗、丧俗改革，大力倡导婚事新办、丧事简办，推广普及“新时代文明实践结婚礼堂”“义务红娘”“集体婚礼”“惠民礼葬”等，持续深化“摒弃婚丧陋习，深化移风易俗”等文明实践专项行动，引导婚丧礼仪控制规模、降低费用，抵制红白事大操大办、高额彩礼等不良风气。比如临沂，以培育践行社会主义核心价值观为根本，以深化乡村文明行动为主题，弘扬优秀传统文化，涵养孝悌和睦家风，倡树婚丧嫁娶新风，营造文明和谐乡风；发挥县乡主体作用，本着文明节俭、群众满意，坚持重在正面引导、重在建设养成、重在群众自觉，努力做到喜事新办、厚养薄葬、丧事简办。

三要建好用好乡村新时代文明实践站，继续开展文明村镇创建。比如，济宁市兖州区将倡树美德健康生活方式与新时代文明实践中心建设紧密结合，在区中心、10个镇（街）实践所、344个村（居）实践站都充分挖掘当地文化资源，建设颜店镇和圣故里牌坊、和合文化广场等各具特色的文化广场。同时成立“兖曲社”新时代文明实践点，山东梆子、山东快书、弦子戏等文艺队伍覆盖城乡，传统剧目和现代生活深度融合，古为今用，借古喻今，影响带动群众生产生活方式，重塑群众心灵。

2. 机关与社区共建新时代美德健康生活方式。习近平总书记指出，党的工作最坚实的力量支撑在基层，经济社会发展和民生最突出的矛盾和问题也在基层，必须把抓基层打基础作为长远之计和固本之策，丝毫不能放松。针对城市建设管理新矛盾新问题不断增多，人民群众对美好生活的新向往新期待不断提升的实际，城市基层党建必须强化大局意识、服务意识、阵地意识，把工作重心聚焦到引领城市基层治理上来。

机关与社区共建新时代美德健康生活方式，要做到以下三点：一要将深化文明城市创建与社区共建新时代美德健康生活方式相结合。以党群服务中心、综合文化服务中心为基本阵地，鼓励依托城乡闲置的校舍、民宅、厂房等阵地建设固定场所，广泛建设文明实践公园、广场，充分发挥服务群众、教育群众一线阵地作用，引导群众积极参与文明实践活动。以党员、“五老”、身边好人、热心群众等所在家庭为中心户，探索建设文明实践家庭站，发挥辐射带动作用，推动文明实践进家入户。比如，潍坊市潍城区城关街道增福堂社区党委将升旗仪式列入工作计划，固定每周一组织开展升国旗文明实践活动。同时，在国庆节、元旦节等重大节庆日组织开展“我与国旗合个影、我给祖国说句话”“我是升旗手”等实践活动。二要积极动员居民积极参与文明创建、社会公益、群体活动

潍坊市潍城区增福堂社区召开疫情防控优秀志愿者表彰大会

图片来源：潍坊市委宣传部提供

和组团式休闲生活。比如，潍城区城关街道增福堂社区实践站组织工作人员、退役军人和热心群众成立“红色代跑员”志愿服务队，开展“五为”文明实践志愿服务。聚集邻里之力，为空巢老人、留守儿童、残障人士等社会弱势群体提供服务。居民有服务需求时，可以通过张贴在楼道单元门口公示栏的联系方式，呼叫“红色代跑员”上门服务。三要加强社区文化建设，开展绿色低碳社会行动示范建设，践行机关与社区结对共建的美德健康生活方式。比如有的社区在辖区组织开展“流动值日岗”活动，引导住户每周主动进行一次楼道卫生清洁，实现小区居民自主管理、自我提升。一块小小的卫生值日牌，不仅让楼道整洁了、良好卫生习惯养成了，更串起了浓浓的邻里情，形成互敬互爱、互帮互助的良好氛围。由单元实践员负责每周分发单元流动值日牌，社区党员引领、楼长单元长广泛带动、值班家庭积极配合，形成了社区全员参与卫生整治的热潮。

通过做实“小网格”、做精“小单元”，以“小网格”推动“大文明”，有效提升新时代文明实践成效。

经过近几年的努力，城市基层党建系统建设整体建设理念深入人心，各地着力做强街道、做优社区、做实系统、做活治理，初步构建起区域统筹、条块协同、上下联动、共建共享的严密组织体系和工作运行机制，推动城市各领域基层党组织同向而行，凝聚起强大组织力行动力战斗力。

五、企业：融入行业行规

“人无德不立，业无德不兴。”无论是个人还是行业、企业，道德力量都是根本的精神支撑。为了更好地推动新时代美德健康生活方式落地、落实，就要把它纳入企业文化建设、纳入员工培训教育、纳入职业道德建设和纳入行业考核评价。

（一）纳入企业文化建设

广义的企业文化是指企业所创造的具有自身特点的物质文化和精神文化总和，狭义的企业文化是指企业在生产经营实践中所形成的具有自身个性的经营宗旨、价值观念和道德行为准则的综合，其中企业精神是企业管理的灵魂。企业文化强调企业生存与发展的原动力主要不在于物质金钱利益，而是全体职工共同的目标感、使命感、责任感、荣誉感，在此基础上形成的凝聚力和向心力是企业的精神支柱和活力的源泉。

企业文化随着时代的变迁、社会的进步、环境的变化及组织的变革而变化和发展。一般说来，健康美好的企业文化有助于企业适应外部环境的改变，从而使得企业良性发展；反之，则不能使得企业适应外部环境的变迁，从而导致企业的不良发展。在企业中推广倡树新时代美德健康生活方式，就要注重把它融入现有的企业文化之中，塑造健康、美好的企业文化。具体说，即是要把它融入企业生产经营全过程，推动其成为企业软实力的内核；按照新时代美德健康生活方式塑造企业家精神，加强企业负责人培训，引导他们爱国敬业、守法经营、创业创新、回报社会；创新企业文化建设，加强职业道德教育，鼓励职工积极参与志愿服务、慈善公益等活动。

1. 注重人文关怀

企业的人文关怀，是指企业以人文精神为思想内核，充分地尊重人、理解人、肯定人、丰富人、发展人和完善人；注重人的全面发展，用愿景鼓舞人，用精神凝聚人，用机制激励人，用环境培育人。人文关怀可以极大地提升员工的认同感和归属感，提高企业的创新力和执行力，潜移默化地影响企业未来的发展。中国古代文化有丰富的人文关怀的源流，《论语·乡党》中曾记载一个小故事：“厩焚。子退朝，曰：‘伤人乎？’不问马。”说的是孔子家的马厩失火，孔子退朝后听到这个消息，只问有没有人受伤，却并没有问马的情况。要知道，马在古代是农业生产、交通运输和军事活动的重要工具，是备受重视的珍贵财产。孔子只问人不问马，充分体现出了他的人文关怀和仁者爱人精神。

“观乎人文，以化成天下”。企业想要发展，必须建立在个人和集体互相成就的基础上。要将培养职工健康的工作、生活情趣摆在重要位置，从员工的身边着手推动培育优良的美德健康生活方式。对此，山东许多企业都采取了关注员工身心健康的良好举措。比如鼓励企业依托党群部门建立心理健康志愿服务队伍，设立心理辅导室，开展心理健康科普宣传，为职工提供心理健康服务，以提升员工的心理健康意识。这些简单的举措把对员工的人文关怀融入点滴的生活中，有助于改善员工的精神状态，是在现代高度紧张的社会环境下有效提升企业效率的重要途径。

2. 与企业经营管理实现有机结合

在企业中推行美德健康生活方式，毫无疑问要大力弘扬企业精神、工匠精神——尽职尽责是工作的基础，锐意进取是创新的土壤，坚持不懈是困难的钥匙，勇于担当是管理者的本色，团结合作是力量的源泉……优秀文化的精神支撑可以赋予企业科学、和谐、创新的驱动力，特别是在提高员工的工作自觉性、创新力等方面有着巨大的促进作用。

管理是一个企业的核心和灵魂，缺乏有效管理，企业连生存都会成问题。完善企业管理，应当从以下八大方面来体现新时代美德健康生活方式：一是要从仁者爱人、以人为本的理念出发，注重“感情投资”，加强人本管理；二是讲求成人先成己、正人先正己、治人先修己，致力于自我管理；三是遵循重礼、隆礼、尊礼的要求，建立企业的礼治秩序；四是深入挖掘中国传统文化的贵和尚中思想资源，强化和谐管理；五是提倡重俭反奢价值观，加强企业成本管理；六是发扬中国历史上的重教尚贤优良传统，致力于企业人才培养和精英治企；七是坚持“守经用权”，既坚持原则性又保持灵活性，提高企业的应变能力。

3. 重视企业制度的完善

制度可以让抽象的文化理念转变为实实在在、可以执行的条款，让从业者知道如何去践行。要知道，一个成功的企业必然有着清晰的企业文化制度，其中也必须有明确的规定来引导企业营造美德健康生活方式的文化氛围。比如，我们熟知的华为集团，作为全球领先的信息基础设施和智能终端的制造企业，即拥有独具特色的企业文化制度体系。早在1994年华为还是一个默默无闻的小企业时，就非常注重企业文化的构建，任正非曾亲自邀请专家参与华为的企业管理大纲的编写，后来这部大纲在修改中完善，成长为《华为基本法》。《华为基本法》从责任意识、敬业精神、创新精神与团队合作精神定位企业文化，以文化考核来指导华为公司运营的各个方面。

新时代下，我们应当依据企业经营文化编制美德健康企业建设指标，建立企业文化评定等级机制，让制度来约束人的欲望，规范发展。让企业文化不能仅仅停留在宣传层面，更要体现到制度引导上，将个人工作的责任心、敬业度、创新意识和团队精神等落实到清晰的考核标准上，依据标准来落实员工的绩效报偿、晋升奖励等待遇，推动传统美德融入现代工作生活中，汇聚形成奋发向上、积极拼搏的团体力量。

（二）纳入员工培训教育

员工的培训教育，主要是指企业为了员工具备从事某种职业或者职业发展所需要的专业知识、技术技能等而进行的教育活动。它是从生产服务一线从业人员所需的技能要求中产生，主要侧重于实践技能和实际工作能力的养成，有岗前培训、技能培训、在职培训等多种形式，目的是培养企业所需的专业人才。在企业中培育美德健康生活方式，就要倡导企业健康好风尚、弘扬正面美德文化，将企业的员工培训和文化建设、美德养成有机结合，推动建立创新型、应用型、技能型人才培训体系，更好地优化当代职业培训的方式和理念。

“工之善者，匠之恒心。”我国古代存在多种技艺的传承方式，比如，父传子、师带徒的家庭式技术习授，都曾是民间手艺的主要传承方式。生活中，我们也能处处感受到中国传统职业文化的璀璨成果。无论是闻名世界的陶瓷技艺，还是绣冠天下的织造技术，都是古代工匠的行业追求促成的“百工”繁荣。这些传统的东西是历史文化瑰宝，生动反映出我国劳动人民的伟大创造精神、奋斗精神、梦想精神。古人云：“以古为镜，可以知兴替。”传统的职业文化需要赋予时代的新特征，生生不息传承下去。

1. 深挖古代匠人的技艺追求精神

自古以来，我国的工匠就有对技艺的极致追求，这使得我国古代的机械发明和应用长期处于世界前列，比如我们耳熟能详的指南车、地动仪、水轮连磨等等，设计精巧，大方实用，到今天看来都极具科学性。古人在技艺方面上独到、灵巧的创造性在历史的沉淀中成长为一丝不苟、精益求精的职业精神。当前国际形势错综复杂，国家技术的发展面对新科技革命和产业变革的强烈冲击，我们需要大力弘扬古代匠人的技艺追求精神，应对行业发展的风险挑战。

“技能成就梦想，奋斗改变人生”，这是无锡微研股份有限公司加工中心班组陈亮的座右铭。他领导所在的团队曾多次在高精密模具的制造上开发、创新，成为行业发展精密仪器模具的风向标。为了研究出符合高精密需求的模具，陈亮秉承精益求精的工作精神，在无数次探索中终于做到了将模具精度控制在 1 微米。不要小看这 1 微米，如果用头发丝来对比，1 微米只有 1/60 根头发丝那么细，其难度可想而知。市场上的模具的精密度一般控制在 2~5 微米，正是陈亮追求的 1 微米使得该公司的产品屹立在市场高精密加工模具的前沿，为公司和个人都带来了巨大的收益和荣誉。技术托举卓越的事业，认真填补创造的空白，当代企业培训教育就是要大力弘扬传统文化中工匠对技艺精益求精的职业追求，独具匠心、争创一流，让中华民族优秀的工匠本色发扬光大，用技术创新让国家的发展走在国际前列。

陈亮在调制仪器　　图片来源：人民网

2. 找寻从业者创新的“内在驱动”

一个行业如果仅仅从技术角度追求进步，很难有持续的发展动力。只有将工作需求和内心驱动力结合起来，员工在工作中才能主动发挥“精益求精”的追求，同时实现自我价值。我们常常说起“大国工匠”，独具匠心、能工巧匠、大匠运斤的赞誉之词折射出的是这一群体的职业追求，精、巧技术的背后是利民、利他、利国的职业理想。古代工匠们的最高技术理想是经世致用、“德”为匠心的职业追求，这为当代的从业者提供了“技”为人而用、为国所用的理想内驱力，激发出单纯的、发自内心的、无惧得失的工作欲望，形成主动的技术提升、技艺创造等最高层次的职业精神。

我国古代有着众多的举世无双的科技发明，它们无一不是技术与内在理想交互反应的产物。我们熟悉的造纸术为中国古代的文化传播、书籍保存作出了巨大贡献，而它的改良源于东汉蔡伦的理想驱动。据考证，我国早在西汉前期就已出现植物纤维纸，但是由于工艺复杂，制造成本高昂，轻便的纤维纸一直难以普及。到了东汉年间，蔡伦认为竹简笨重，锦帛价昂，不便于人。于是，通过多次实验，选取了树皮、麻头、渔网等为原料，改进了造纸术。新造的纸成本降低，适合书写，还可以大量廉价供应，自此“莫不从用焉”，这对我国文化传播有着重要的作用。正是蔡伦的“便于人”的想法，才使得他能主动考虑底层人的需要，解决了古人用“纸”的难题。正如《左传》提到的工匠“厚生”的道德准则一样，只有每一位从业者从心底迸发利国、惠民技艺追求和职业理想，将精神追求注入日常工作中，才能最大限度地激发个人对工作的激情和动力，高质量、高标准地完成工作，在普通的工作岗位上主动发扬专、精、细的职业追求精神，以本职工作成就精彩人生。

3. 树立行业发展典范

从小我们接受的教育中有很多的榜样，行业的劳动模范就是我们工作的榜样。时代变换，劳动价值不变，我们要以更新、更广、更深刻的方式来宣扬行业模范的“奋斗之美”，让更多的人来理解什么是职业的价值追求和精神内核，在全社会营造一种促进从业者健康向上的从业氛围。对此，山东进一步深化“学雷锋，做山东好人”活动理念，依托各级新时代文明实践中心（所、站），层层开展宣扬道德模范、时代楷模、最美人物、山东好人等活动；综合运用专题专访、公益广告、事迹展览、基层巡讲等方式开展学习宣传活动，发挥先进典型示范引领作用，树立从业者学习的道德楷模、人格榜样以及向上向善的行业风气。

平度市新时代文明实践中心外景图　　图片来源：青岛市委宣传部提供

改革开放以来，山东在经济发展、技术革新的浪潮中涌现出一大批爱岗敬业、锐意进取、勇于担当、无私奉献的先进模范人物。我们要在职工培训教育中大力宣扬健康向上的行业模范精神，展示出劳动者的“奋斗”美德，激励全行业的从业者争做时代的奋斗者。

（三）纳入职业道德建设

职业道德，简单来说，就是指从业人员在一定职业活动中应遵循的、体现一定职业特征、调整一定职业关系的行为准则和规范。如果说行业行规是对行业人员的从业规范进行要求的话，那么职业道德水平就决定了行业人员以何种态度去对待工作。职业道德根植于社会行业中，必须将行业的需要和职业道德需求紧密结合在一起。2019 年中共中央、国务院印发的《新时代公民道德建设实施纲要》提出，“推动践行以爱岗敬业、诚实守信、办事公道、热情服务、奉献社会为主要内容的职业道德”。要使新时代美德健康生活方式真正在企业中生根、开花、结果，务必从不同方面把它深度纳入职业道德建设中。

1. 培养刻苦学习、勤于钻研的职业品性

习近平总书记在党的二十大报告中强调，要“在全社会弘扬劳动精神、奋斗精神、奉献精神、创造精神、勤俭节约精神”。这五种精神包含着“自律助人”“孝老爱亲”“诚信利他”“节俭绿色”和“共建共享”等内容。新时代，要着力培植美德健康生活方式，特别要重视培养企业员工刻苦学习、勤于钻研的职业品性。

古时孙敬和苏秦悬梁刺股、刻苦学习的故事被人们传为美谈，当今青岛港的优秀工人许振超努力学习、勤于钻研并创造“振超效率”的事迹也为人们津津乐道。许振超是一位只有初中文凭的吊车司机，但是多年来他始终把学习作为“第一需要”，三十多

许振超在一线同工人交流

图片来源：青岛市委宣传部提供

年如一日坚持不懈地学习，使他掌握了电工技术，成为队里司机中第一个会修门机的人。面对100多张英文图纸，不懂英文的许振超的回答是“不会就学，决不能趴下”。他用两年时间摸索、练就了“铁碰铁不响”的“无声响操作法”绝活，且一年内两次刷新世界集装箱装卸纪录，创造了“振超效率”，成为世界一流“技术专家”。

现代社会瞬息万变，伴随着以数字化、网络化为特征的现代信息技术的突飞猛进，新知识呈现出爆发性增长。要想成为行业中的佼佼者，就必须培养和提高自己的学习兴趣和学习能力，使自己适应工作的需要。

爱学习，需要树立终身学习的理念。终身学习的精髓，正如宋朝大思想家朱熹所言：“无一人不学、无一事不学、无一时不学、无一处不学。”21世纪，是一个知识猛增、学无止境的时代。这个时代，知识的更新周期愈来愈短。据估计，人类的全部知识每五年就要翻一番。这就要求每个人都必须把学习贯穿于人生的每个阶段、每个方面，才能跟上时代的进步，满足职业发展的需要。这也是一个激烈竞争的时代，要想在竞争中脱颖而出，更是离不开终身学习。必须把学习贯穿于整个的工作和生活过程中，贯穿在人的一生中，持之以恒，不断学习。

2. 养成群体为本的职业价值观

培育“共建共享”的敬事之道，就要在职场中养成群体为本的集体主义职业价值观，就要发扬利他的仁爱精神，就要注重团结协作。

现代社会是一个竞争的社会，也是一个协作的社会。竞争中离不开协作，协作中也有竞争，竞争总是与协作相伴而行。未来社会的竞争会更加激烈，而竞争越激烈，就越需要团结协作，实现共赢。

孤帆一叶，难以穿越汪洋；众志成城，势必乘风破浪。团结协作可以保证职业活动的正常进行。如今社会分工越来越细，行业与行业、企业与企业，以及企业内部各部门、各成员之间的相互联系、相互依赖的程度也越来越高。在职业内部，离开了人与人、部门与部门之间的团结协作，彼此间各自为政，甚至互相推诿，互相拆台，就很难保证使职业活动在步调一致的和谐气氛中进行。另外，社会还是一个互相联系的整体，谁都不能单独存在。各行各业紧密相连，甚至环环相扣。众人熟知的美国波音 747 客机，是由 450 多万个零部件组成，由 7 个国家和地区的 11000 家大型企业和 15000 家中小企业分工协作、共同生产完成的。实际上，目前在世界范围内，包括工业领域、农业领域、科学研究领域等在内的众多领域内的重大项目和活动，都是不同部门、行业等分工完成的。因此，在这种情况下，各行各业及其从业人员必须互相配合、团结协作，才能取得最佳效益。资料显示，1901 年至 1972 年间，在荣获诺贝尔奖的 286 位科学家中，有 2/3 以上的人是与别人合作研究取得成功的。

要善协作、求共赢。一是培养团队精神。一个高效的团队可以凝聚力量，提高效益，实现共赢。一个高效的团队成员在一起工作，其效果并不像数学公式“1+1=2”那样简单，配合、协作得好，可能 3 倍、5 倍甚至 10 倍于一个人的力量，这就是团队的优势和魅力。二是加强彼此的交流和沟通。交流和沟通是员工、同事之间形成和谐信赖关系的前提，也是为相互间能够团结一致、齐心协力奠定基础。三是互相尊重，取长补短。古人云：“尺有所短，寸有所长。”成员之间，要互相尊重，积极主动地聆听别人的意见，而且要愿意公开自己的想法，相互间相互借鉴、取长补短，最终形成统一的看法、意见和成果。四是处理好协作与竞争的关系。竞争与协作并不是相互对立、水火不容的关系。合作是竞争性的合作，竞争是合作性的竞争。竞争会加快协作的步伐，协作会促进竞争的深入。协作会帮助企业和从业者增强自身竞争力，在激烈的竞争中取得优势地位，把竞争和协作推向新的层次和高度。五是重视集体。一个人无论能力有多大，离开了集体的智慧与协作，离开了他人的支持与帮助，是难以获得成功的。正如奥斯特洛夫斯基所说：“谁若认为自己是圣人，是埋没了的天才，谁若与集体脱离，谁的命运就要悲哀。集体什么时候都能提高你，并且使你两脚站得稳。”

3. 塑造诚信利他的职业美德

一个行业的形象、信用和声誉，都是由每个从业人员职业道德水平点滴汇聚而成，也决定了整个行业在社会公众中的被信任程度。讲究诚信经营、遵纪守法，将诚信作为从商的基本道德规范，是传统儒商的制胜之道。比如，章丘旧军孟雒川的“祥”字号等，正是以守信重信屹立于广大消费者心目中，树立起了“重信用，讲礼仪，市价不二，童叟无欺”的良好形象，从而带来了生意兴隆的益处。改革开放以来，许许多多的新儒商，信奉儒家无信不立、诚实不欺的精神，注重诚信经营，树立了重义、重诚、重情的良好口碑。新时代下，企业家应该通过诚信利他的道德约束和驱动，在经营实践中，服务于你、我、他。诚信利他是一种行为方式，不只是一种荣誉，更是一种责任；不只是一种境界，更是一种担当。作为现代企业家，要做到讲诚信，一要发扬“三老”精神。就是做老实人、说老实话、办老实事。生产者和经营者不能偷工减料，以次充好，以劣充优；服务行业的人员也应该如实告知服务对象所接受服务的内容、数量、质量和水平，而不能过分夸大服务的质量或者掩盖服务的实情。二要讲究诚实劳动。以诚实劳动的工作态度为社会大众提供合格的产品和高质量的服务是对每一个从业人员讲诚信、守信誉的一个具体要求。每个从业者在自己的工作岗位上不偷懒、不怠工、干满点，遵纪守法；在经济交往中，不坑蒙拐骗、不偷工减料、不制假售假、不投机倒把，合法经营，守信用、重合同；按照岗位职责的要求，严格执行操作规范和操作程序，不断提高产品质量和服务水平，在激烈的市场竞争中力争始终立于不败之地。

三要注重个人信用体系建设。传统诚信主要依赖人情、习惯、传统、舆论及个人良知作保障，是一种软约束，导致有些人往往“诚有余而信不足”、履约率不高。必须对传统的诚信观念进行现代化的改造，经过当代法律的规范，建立起当代法理基础上的个人信用体系。

（四）纳入行业考核评价

行业考核评价是行业管理、发展的一个核心内容，它主要是通过外在的制度对企业加以引导和调节，来推动行业定向的发展。合理的、符合行业水平的考核评价能引导企业的投资方向，调动企业积极性，有效地激励创新，从而使整个行业形成一种健康向上的发展氛围。

1. 编制美德健康生活方式企业建设指标。行业内主流价值观念和整体发展是一个相互作用、相互强化的过程，行业的有效管理必须要落到评价标准细则上。当前，就中国行业考核评价的体系建构而言，面临的最大挑战之一就是如何树立正确的行业美德观念，建立有效、可操作的行业考核等级制度。这一问题如解决不好，就可能会让市场经济活动如脱缰之马，造成管理和制度混乱。构建具有中国特色的行业观念价值体系，应在吸收西方管理文化优势的基础上，建立有民族特性的本土行业管理文化；而将中国传统的行业美德文化纳入行业考核中，将为弥补现有行业评价体系提供更广阔的思路。

2. 定期评选行业内践行美德健康生活方式的优秀企业、先进个人。利用主流媒体对优秀企业、个人的事迹作集中宣传报道，表彰优秀企业、礼遇先进个人。行业对先进劳动者事迹的褒扬，可以引领、带动从业者去学习、模仿先进，鼓励人们敢想敢干、敢于创造的职业行为。比如在“两弹一星”研制中，钱三强、王淦昌、郭永怀、邓稼先、程开甲、朱光亚、于敏等这些“国之栋梁”，他们隐姓埋名、以身许国，在自律中彰显了崇高道德，在创新中为国家安全作出了重大贡献，为我们树立了榜样。

3. 建立践行美德健康生活方式企业、行业激励机制。时代在变化，市场环境、经营方式、行业运行也在不断变化。在现代企业管理中，融入新时代德育的多重内涵，让行业管理在承载传统文化的特性的同时，不断彰显优秀美德的现代社会意义，是现代社会转型中行业指向管理的一种新视野。要深入挖掘汲取中华优秀传统精华，如“信商”“诚贾”及“重道”“仁和”“义利”等诸多崇德向善、德行天下的优秀美德，都是今天行业评价、考核管理的重要元素和借鉴。每个行业的长远发展都必须有明确的激励目标来指引方向。将中华传统美德融入企业、行业评价考核体系中，以弘扬优秀文化方式，塑造引领每个成员的价值观、道德观，对于促进企业健康发展、行业发展壮大具有重要意义和价值。

后 记

为弘扬践行社会主义核心价值观，在全社会形成适应新时代要求的思想观念、精神风貌、文明风尚与行为规范，倡树新时代美德健康生活方式，中共山东省委宣传部策划并组织编写了《新时代美德健康生活方式》读本。

本书为2022年度山东省重大理论与实践问题研究重点课题，同时是山东省社科规划重大研究课题。山东省委常委、宣传部部长白玉刚审定编写方案，提出明确要求，袭艳春、孔繁轲、魏长民、冷兴邦同志主持本书编写工作。山东大学儒学高等研究院执行院长、《文史哲》杂志主编王学典担任课题负责人，山东大学儒学高等研究院、山东师范大学齐鲁文化研究院、山东省社会科学院国际儒学研究院的专家学者承担撰写任务。其中，第一编由山东师范大学齐鲁文化研究院吕文明、刘爱敏、李文昌、刁春辉、田成浩撰写；第二编由山东大学儒学高等研究院王加华、翟奎凤、郭萍、陈晨捷、邹晓东撰写；第三编由山东省社会科学院国际儒学研究院涂可国、童德琴、张兴、杨冬、秦树景撰写。省委宣传部理论一处承担了具体组织协调和服务保障工作，王小蕾、刘洁等同志参与了编审统稿工作。

本书写作过程中，参考了学界大量优秀的理论成果，同时采用了各市党委宣传部和部分报刊媒体的图片资料。在此，一并表示衷心感谢！

由于时间仓促、水平有限，本书难免有不当之处，敬请读者批评指正。

本书编写组

2023 年 8 月